遂に動いた歴史の歯車ー
日本でも可能になった
やり直し

アメリカとの比較で見るリカレント教育

三浦 宏一

はじめに

筆者にとって日米比較論の三作目である本書の特徴は、日本におけるリカレント教育の画期的な進展が起こりつつある時期に書かれていることである。いや、画期的では不十分であろう。生涯教育／リカレント教育が日本全土で声高に議論されて半世紀、実態ゼロの状態が続いていたのであるから、歴史的転換と言わなければなるまい。一体何が起こったのか。一口で言えば、「少子化」である。高齢化も一翼を荷ってはいるが、何と言っても少子化が錆びついていた歴史の歯車を動かしたのである。一口に少子化と言うが、これは頬かむりをしてやり過ごすことができるような社会現象ではない。何しろ、ピーク時二百万を超えていた十八歳人口が十年で半減したのであり、早くも来年は、大学の定員総数が志願者を上回るのである。これまで知らぬ顔を決め込んできた日本の大学が、文字通り自らの存亡に直面して、動かないわけにはいかなかったのである。筆者自身は、半世紀前に日本でのやり直しを諦め、長年にわたる準備を経て中年になってアメリカに移住したのであるが、もはやそんなリスクを冒す必要はなくなり、日本でのやり直しができる体制が急速に整いつつある。本書はその具体的な情報をお届けしているはずである。無論、まだ始まったばかりの大改革である。試行錯誤は避けられず、それに伴う変化や調整は不可避であるから、提供されている情報については、読者各位がそれぞれの教育機関や役所の担当者から直接最新情報を得ていただきたい。

以上は本書の特別掲載記事の紹介であり、以下は従来からの日米比較文化論の序である。筆者の専門である日米比較が、アメリカの理解よりも日本理解を念頭においている点については、いつものことであるが、最近これが意外に理解されにくいことに気づく機会があり、ここで改めて日米比較がアメリカ理解よりも、むしろ日本文化理解の深化にとってこそ有益であることについて、説得の例を挙げさせていただく。次の引用は、筆者がアメリカの州立大学で教えた一般教養課程に属する「非西欧文明文化」のコース「日本の教育と社会」のオリエンテーションからである。

「日本について学習したことのない人が、このコースだけで日本の教育と社会がよく分かったということになる可能性は低いのですが、一つだけ約束できるのは、皆さん自身の国の教育と社会についての理解は格段に向上するということ、これについては保証します。なぜなら、万物の理解は同類の他との比較によってのみ可能だからです。オクラホマ大学はどんな大学か、（最前列の学生に名前を訊き）ジョナサンはどんな学生か、このボールペンはいいか悪いか、どれも他と比べる以外に答えは出てこない。私はアメリカに長年住んでいますけど、どの程度アメリカが理解できているかはっきりしない。何しろ、この国は広いだけではなく、世界中から集まった人達によってできており、各州がそれぞれ違った法律をもっていて、消費税がない州もあるぐらいですから、日本人にはなかなか理解が難しい。しかし、一つだけはっきりしていることがある。それは、アメリカに住むことによって自分の国についての理解が格段に深まったということ、これは断言できる。日本に住んでいたときには見えなかったものが、アメリカと比べることによって見えてきたからです…」

民主主義、資本主義、先進国の経済大国という共通点を持ちながら、文化的にかくも違う日米両国の比較が祖国についてどれほど多くのことを教えてくれたか、筆者は日々それを実感しながら四十年過ごしてきたのである。アメリカでの暮らしが、大学院で学んだ文化人類学のフィールドワークとなり、アメリカ理解が進むことは当然予測したが、まるで車の両輪のごとく自然に生まれた日本理解の深化は、大きな僥倖だったのである。

最後に、やり直しについて迷いがあり決断できない方には、筆者自身がその迷いを克服した「百％後悔しない」方法を三章で述べているので、参考にしていただきたい。

本書は日本橋出版の大島拓哉社長のおかげで世に出ることができた。氏の迅速かつ忍耐強いご支持ご支援に対し、共著に匹敵する協力者であった妻育子と共に、深謝申し上げる。また、企画から出版に至る過程でお世話になったスタッフの皆様にも、厚く御礼申し上げる。
　本書は、長年にわたる大勢の方々のご支援の賜物であり、そのごく一部のお名前を挙げることさえ不可能であるが、筆者と家族の渡米後、四年間にわたって病身の母をお世話いただいた得冨高子さんとそのご家族への感謝の言葉なしに本書を活字にすることはできない。また、パンデミックが始まるまでの十一年間、毎年日本でのリサーチのために帰国した際、その都度一方ならぬお世話になった松永むつよさんについても同様である。

令和五年初夏

ケンタッキーにて
三浦宏一

目次

第一章　生涯教育からリカレント教育へ

生涯教育とリカレント教育の相違と定義

ここで述べるのは両者の歴史的経緯などではなく、あくまでも本書を理解していただくために必要な区別である。両者はしばしばほとんど同義に使用されることが多く、混乱の原因になってきたが、本書では、リカレント教育を職業（転職、やり直し）に直結する教育と定義することによって混乱の解消を目指している。趣味や教養としての教育を除外するということではなく、主たる対象とはしていないという意味である。

半世紀間有名無実だった日本のリカレント教育

一九六三年に公立高校の英語教師となった筆者は、数年を経て、大学に戻ってやり直したい希望をもつようになっていた。「生涯教育／リカレント教育」についての情報や関係出版物に時間をかけただけでなく、かなり離れた大学の夏期講座などに出席したこともあった。しかし、負担が大きい上に、自分の目標との接点も見えず、出回っていたリカレント教育理論と現実の乖離の大きさに失望、日本にはやり直しのチャンスがないことを知っただけであった。要するに、当時の日本のリカレント教育は実態が存在しない故の声高な掛け声であったのである。当然の現象だったのであるが、鈍感な筆者は十年近い歳月を経て、アメリカでそのことに気づいたのである。

リカレント教育とやり直しが普通のことになっていたアメリカでは、これについての情報がニュースになる理由はなく、それが欠けている日本だからこそ、国を挙げての話題になっていたのである。

日本でのやり直しの可能性がないことを知った筆者が、海外へ目を転じた最初の国はカナダであった。学生時代から親しくしていたカナダ人の友人が引受人になってくれたからである。ところが、カナダ大使館での面接を経て出発の準備をはじめた時点で、急に中止しなければならない事情が起きて断念せざるをえなかった（経緯は後述）。この頃から英語力のインテンシヴな自己訓練を始めており、五年間休みなく続けた独習は、その後アメリカで生き延びる基盤となった。その間に公費による二度のアメリカ短期留学のチャンスもあり（註）、アメリカでならやり直しが可能かもしれないと思うようになっていたある日、一つのニュースが目に入った。山口県の教育財団による「生涯教育論文」の募集であった。一九八二年のことである。明らかに、前年の中央教育審議会答申を経て誕生した文部省生涯学習局（社会教育局が改組された）の影響の表面化であった。

何という皮肉かと苦笑を禁じえなかったが、筆者はこれに応募することにした。文系のアメリカの大学院で生き残ることができるかどうかは、論文が書けるかどうかにかかっていることを知っていたからであり、自己流の訓練をしていた成果を試すチャンスと思ったからである。言葉の違いは無論あるが、要するに競争力のある論文が書けるかどうかの試みになるのは間違いない、そう思ったのである。実際のところ、長年にわたって生涯教育の文献を読んできていたので、この時点でまともな論文の一つも書けないのでは、アメリカの大学院で生き残ることができるチャンスはなかったのである。結果は優秀賞二名の一人となり、賞金を獲得することになった。また、この年には既述の二度目の短期アメリカ留学が決まっていたので、二か月の滞米中、留学に関わる情報収集に努め、帰国後、妻の同意を得て、翌一九八三年夏、三人の子ども達を連れて日本を発ったのである。やり直しを考えはじめて十七年、筆者は四十六歳になっていた。

（註）国際教育振興会主催、文部省後援の全国英語教員スピーチコンテストで優勝、ブリタニカジャパンから与えられた国際教育交換協議会による米国研修（二か月）に参加（一九七八）、二度目は同じ米国研修のリーダー選抜試験を経て引率責任者として参加（一九八二）

なぜ日本でのやり直しは困難だったのか

当時新鋭の社会教育学者であられた、後の東京大学名誉教授／元日本教育社会学会会長の天野郁夫先生は、生涯教育／リカレント教育議論華やかなりし七十年代後半、次のように書いておられる。

「第一に、改革されねばならないのは、進学準備教育と職業教育とに分化した中等教育制度である。それが総合（コンプリヘンシブ）化されることなしには高等教育の機会が全ての人々に開かれたものになることは望みがたい。

第二に、現行の学力試験一本鎗の選抜方法を改める必要がある。人々の適性、さらには労働をはじめとする社会活動の経験などが十分に考慮された選抜方法、さらにアメリカのコミュニティカレッジにみられるような「無選抜入試」（オープンアドミッション）制度なしには、教育は本当の意味で開かれたものにはならない。

第三に、教育と労働のリカレント化を保障するためには、教育課程やカリキュラムの編成形態も根本的に改革されなければならない。労働しながら学ぶ人々のためには、パートタイムのコースを大幅に拡充する必要があるだろう。（略）

第四に、リカレント化の対象となる教育は、伝統的な大学教育だけでなく、各種学校その他の成人教育機関、職業訓練機関などの学校外教育の機会をも含んだ中等後教育（ポスト・セカンダリー・エデュケーション）として、総合的にとらえ直し、編成し直さなければならない」（註）

久しぶりに読み直して改めて気づいたのは、三と四については現在進行中の改革と見事に重なっており、あたかも天野先生指導下での改革であるかに見えることであった。ただし、提案の全てに賛同できるわけではない。提言一の「職業高校を廃止して総合高校とする」、と二の前半「現行の学力試験一本鎗の選抜方法を改める必要がある」については、問題点を指摘しなければならない。

（註）天野郁夫・「フロント・エンド」モデルから「リカレント」モデルへ（天城勲編「新しい大学観の創造」サイマル出版会一九七八

総合高校が根付かなかった理由

この時代を象徴する言葉を一つ選ぶとなると、筆者の頭に浮かぶのは、「十五の春を泣かせるな」（一九五〇年から一九七八年まで二十八年間、京都府知事であった蜷川虎三氏の言葉）である。十五歳は戦後発足した新制中学を卒業して新制高校に入学する年齢であり、彼等が泣かねばならなかったのは、入学のための選抜（中学の成績と選抜試験）に落ちた場合、あるいは入学する高校が志望する高校ではなかった場合のどちらかであった。十五歳の彼等にそのような思いをさせず、全員を希望する高校に入れてやれ、これがスローガンの意味であったが、この大キャンペーンは、多くの試行錯誤を経ながら、結局成功しなかった。

アメリカの制度に範をとった高校三原則（小学区制、全入学、男女共学）が男女共学以外は日本の実情に合わず、何よりも大学の選抜方法が変わらなかったからである。変わったのは、公立普通高校の自由な選択を規制したために、公立高校が競争力を失い、規制を受けない私立高校や国立大付属高校などが新しい「進学エリート校」として台頭、多くの都道府県立の名門校が没落したことぐらいであった。

住んでいる地区の高校に全員自動的に入学するアメリカモデルが、日本で失敗した理由は何か。国民の世の中における役割の決め方が日米で異なるからである。身分制度のある社会では、生まれによって社会における役割がほぼ決まるのだが、そうでない場合は、何らかの方法でそれを決める必要がある。早い時期にそれを行うほど国にとって安上がりであるが、早すぎると適材適所とならない確率が高くなり、国家の損失となるだけでなく、個人の自己実現の可能性を大きく損なう。社会における役割が学歴によって決まることについては日米に大きな相違はないが、違いはアメリカの場合はやり直しのチャンスが引退するまで続くが、日本の場合は職業に関する限り、まだ十代のときに一生の役割が事実上決まっていた日本で根付くはずはなかったのである。

選抜方法多様化の問題

日本では、文字通りだれでも（これが非常に重要である）試験に合格すれば最難関の大学にも入学できるが、アメリカの大学入学選抜は統一テストの得点以外に多くの要素が加わる。その種類は千差万別、ここでは挙げきれないが、日本では到底考えられないのは、legacy

preference とか legacy　admission と呼ばれる入学で、両親などがその大学の卒業生である場合の優先入学である。しかも競争率の高い有名大学ほどその傾向が強いのである。
以下は、長女が四年制高校の三年時、いくつかの大学からの出張進学説明会があり、出かけた時の忘れられないエピソードである。全米リベラルアーツ・カレッジのナンバー・ワンとされる Williams College の学生リクルート用に作成されたフィルムの場面で、入学選抜担当者（admission officer）が、明らかにこのカレッジの卒業生である志願者の父親を相手に、「お宅のお嬢さんはとても素晴らしい方ですが、学力の点でわが校の水準と開きがありますので、ここでハッピーなキャンパスライフを送られることが難しいのではないかというのが私達の心配なのですが、どう思われますか」などと言っているのである。ウイリアムズカレッジは同窓生の子弟優先を公表している大学の一つであることは知っていたが、選抜合否の過程を親に話すなど考えられなかったので、驚いたのである。しかし、すぐにそれが誠に理にかなったことであることに気づいた。選抜事務官の志願者家族への直接のコンタクトは、具体的な目的をもって行われていることに気づいたからである。一つは、応募者の子弟について特別の配慮をしている事実を直接家族に訴えることにより、当該家族とのつながりの維持に努めていること、もう一つは学力不足の志願者を縁故入学させるような大学ではないとのメッセージを世に送ることと、どちらも大学の名声を維持向上させる努力にほかならないからである。

ウイリアムズカレッジの威信に関わるもうひとつのエピソードを披露すると、コーネル大学院でしばらく一緒だった女性との会話で、何気なく、「君は全米一の評判のある大学の出身だから」と言って話を続けようとしたところ、彼女は筆者を制して、「評判じゃないわよ、本当にナンバー・ワンですよ」と真面目な顔で言ったのである。

学生数二千人前後の小規模リベラルアーツ・カレッジ（大学院をもたない大学）であるこの大学が所有する寄付資産は三、五三 billion ドル三五億三千万ドル／四、七八三億円（註）で、郷里山口県全体の年間予算の七、八六二億円の約半分に相当する。ちなみに、全米一とされるリサーチ大学であるハーバード（学生数はウイリアムズカレッジのおよそ十倍）の寄付資産は五、〇九〇億ドル（七兆円に近い）、スイスの国家予算八兆二、七二〇億円、東京都の予算八兆四一〇億円などと比較するとそれがいかに巨額であるかが分かる。

学業成績に寄らない大学入学の慣行は、同窓生の子弟や寄付金に限らず、公立私立を問わず、あらゆる理由によって行われる。要するに大学にとってプラスになることであればあらゆる理由が考慮され得る。一つにはアメリカの場合、入学は卒業を意味しないからでもある。特に州立大学の歩留まりは悪く、四年制大学を四年で卒業するのは半数に満たない（六年で卒業するのが六五％）。かつて日本でも入口を広くして出口を狭くなどという議論があったが、日本はそのようなことができる国ではないのである。なぜなら、日本は競争する回数をできるだけ少なくして和を保とうとする社会だからである。一旦決まった社会の役割を長期にわたって息長く果たすことが期待され、報酬もその長さによって決まる。アメリカの場合は、同じところに長く留まるのはよりよい条件のところに移るだけの能力がない証拠となる場合が多く、能力のある若手に追い越される、あるいは追い出されるのは普通のことである。Up in the Air（「マイレージ、マイライフ」二〇一〇）という映画にその一端が描かれている。ジョージ・クルーニー演じる主人公は解雇支援（Employment-termination assistance）を行う会社に勤めていて、一年中全国を飛び回り該当者に解雇を告げる仕事をしており、マイレージ一千万マイルの大記録を達成する。ご覧になっていない方は、一見に値する四つ星作品である。

日本の高校や大学の選抜が学力一本によって決まる制度が国民に及ぼす効果がいかに国家の安定に寄与しているか、それが当然となっている社会では有難さが十分に理解されていない。日本の教育は世界でも稀有と言われる国民の社会化の最重要要因となっているのであり、この件については天野先生の提言に大きな疑問を呈さないわけにいかない。次にその理由を述べる。

（註）financial endowment（寄付基金）として公表されている。全国から優秀な学生を集めるための奨学金の財源であり、これなくして大学の名声を保つことはできない。なお、円は二〇二三年二月二五日の交換レート（1ドル＝一三六、六八円）による。

「社会化」考

社会化とは何か。簡単な定義を挙げると、「人間が既成の社会に同化していくこと」（日本国語大辞典、小学館）であるが、これは自然に発生するものではなく、成長の過程で学んでいくものなのである。社会化の良い面は、個人がグループ／社会の一員としての自分の役割を受け入れることによって、社会の安定が期待できることである。反面、同化は個人の自由を制限することにならざるをえず、その程度が日米では大きく異なるのである。

日本は、所属するグループの流儀に沿って生きることが期待される国である。一方、自分流にこだわるのがアメリカであり、自分の流儀で生きてきたことを繰り返し自賛するヒット曲、フランク・シナトラのMy Wayはその賛歌である。同居する娘婿（「独立」の象徴であるトーマス・ジェファソンの信奉者である）も含めて、コントロールされることを嫌い、特に政府を含め役所の干渉を嫌うアメリカ人は実に多い。彼等にとっては、同じことをしても、自発的にするのと人に命令されてするのとでは全く異なるのである。

ましてや、中学での成績と学力テストによってピラミッド型にランク付けされた高校に入らなければならないなどという制度を、彼等は到底受け入れることはできない。無論日本でも下位ランクの高校に入らなければならない生徒がハッピーであるはずはないが、あからさまに不満を述べたり抗議をしたりすることはない。なぜか。そのような制度が受け入れられる手立てが可能な限りされているからである。

この「手立て」こそが社会化の役割であり中身なのであり、日本の中等教育における社会化は以下の三要素から成っている。①義務教育までの教育の質に差がないこと、②高校進学の過程における選抜方法が公正であること、③振り分け後の生徒達の特性に応じた教育ができる教師達がいること（具体例は次章で示される）。一方、アメリカの公立学校は住民が払う固定資産税に大きく依存しているため、生徒達はどこに住むかによって異なる質の教育を受けることになる。たとえば、選択できる外国語がA高校では四つあるが、B 高校では一つ（下記番組で実例が紹介されている）、などということが起きる。

一九八九年、クライスラー社の基金でつくられた「アメリカの教育（Learning in America）というすぐれたテレビ番組が五回にわたって全米で放映されたが、そこで比較の対称として紹介された豊かな学校と貧しい学校の差はとても同じ国の学校とは思えない違いであった。この特集番組の最終回に登場したブッシュ大統領（父）は、司会者の、「住む場所の高校によって生徒一人当たりの予算が大きく違うのは、公民権に触れる問題ではありませんか」という質問に対して、「そんなことはない（中略）何もかも平等というわけにはいかない。我々のシステムは多様性に特徴があるので、アメリカ人は選択をする自由をもっているんだよ」

選択の自由をもたないアメリカ人がいることを無視した詭弁であるが、小学校を訪問して、「どうしたら大統領になれるのですか」と質問され、「大統領になるためには本を読まないといけない」と答え、「教育大統領」と自称した大統領の言葉である。筆者はこのビデオを購入し、「日本の教育と社会」のクラスで見せ、いつも議論でにぎやかなクラスをしばらく静かにさせることになった。アメリカにおける公立学校の質の著しい格差は何を意味するか。アメリカに大恩のある筆者としては言いにくいことであるが、それはアメリカ民主主義の柱である機会の均等が重大な瑕疵を含むことを意味する。

アメリカ社会を紹介・分析した代表的な古典著書である「アメリカンライフ夢と現実」の著者ロイド・ウォーナーは、機会の平等と上の地位への可能性が、アメリカの民主主義と社会秩序を保っていると書いた（註）。

機会の平等とは、自由競争に参加する機会を等しく与えられることであり、上への可能性（Upward mobility）とは競争によって社会の階段を上がっていくことができるシステムを意味するが、現在のアメリカを見る限り、乳幼児から高校レベルまでの過程における不平等と社会秩序の維持に関して、彼の主張が当たっていないことは明らかである。当時のアメリカ人に、信奉する自国の弱点を見いだせというのは無理であったかもしれないが、今やアメリカが、その制度の内部に深刻な矛盾と問題をかかえていることは明白である。

（註）William Lloyd Warner（一八九八〜一九七〇）アメリカの文化人類学者。

ジャパン・アズ・ナンバーワンの著者エズラ・ヴォーゲル氏は、「全米ほとんどの州において、教育費の大部分は依然として地方税によってまかなわれているので、豊かな郊外の学校は貧しい都市部や田舎の学校に比べて二倍の予算を使うこともある」と書いている（註一）。同氏はまた「アメリカでは、生徒によっては、全く教えようがないのだという考え方をかなり簡単に受け入れて、こうした生徒を放置してしまうところがある」と書いている（註二）。

（註一）（註二）広中和歌子／木本彰子訳、ジャパン・アズ・ナンバーワン、TBSブリタニカ　一九七九

小学校三年生の息子をいとも簡単に落第させられた経験をもつ筆者としては、これに同意せざるをえない。彼の名誉のために付け加えるが、息子はオクラホマ州に移って優等生になった時期もあり、いかなる基準に照らしても落第の必要のある子どもではなかった。筆者の妻、つまり母親がやむをえない事情で日本に帰国したための影響でクラスでの活動が不活発になっただけのことであったが、全く何の予告もなく、ある日呼び出されて、学期の途中で一年下のク

ラスに移ることを提案されたのである。正に、ヴォーゲル教授の表現通りの出来事であった。

この点日本の義務教育の平等主義は徹底している。悪平等だなどといってはバチがあたるのではないか。そのようなことをいう人は自分の子供が三年生なのに、一年生用のテキストを与えられているといったような教室の場面を想像すると目が覚めるであろう。日本の公教育における平等は、日本社会に根差す強い平等思想の上に成り立つのであって、義務教育の質や教育内容の均一性はその反映であり、教育の現場でその平等思想が誠実に実行されているのである。その点では、日本の教師がいかに忍耐強くできないとされる子ども達をひっぱっていこうと努力しているか。「できる」子も「できない」子も一緒に仲良くという教育を、「子供の能力差がわかっていない」とか、はなはだしいのは、教師を偽善者呼ばわりして、能力別指導をする塾の方が本物の教育だなどという人がいるが、不遜でなければ愚かな発言と言わなければならない。そもそも学校の成績というのは、人間の能力のごく一部に過ぎない。「できる」子／「できない」子に括弧をつけたのはそのためである。

切り捨てを避けることを至上命令とする日本の教育制度のもとで、教師達がどれほどの苦労をしているか、そしてその苦労がどれだけ大きく社会の安定に寄与しているか、日本のように平等が当然視される社会にいたのでは、その有難さがわからないのである。日本の教育の平等主義は、「できる」子どもにとって不公平などという人は、「できる」子どもが将来社会のリーダーとなった場合、「できない」とされた子供であった人達からどれほどの助けが必要になるか、考えてみる必要があろう。社会は事実上この人達の働きによって支えられているのである。パンデミックの最中、頻繁にessential workers（生活上不可欠な仕事をする人達）という言葉が繰り返されたが、正に彼等こそこの表現に値する人々である。日本の初等中等教育（高校まで）を担う教師達が、「できない」生徒達を引き上げる努力をすると同時に、「できる」生徒達の先走りを牽制してクラスの和を保とうとするのは、安定した社会は両者の協力と調和の上にしか成り立たないことを知っているからである。次章に登場するアメリカの文化人類学者トーマス・ローレンは、著書「日本の高校」（註）の中でアメリカの教育改善の提言を行った後で、次のように書いている。

「平時において、教育を通してかくも厳格に全国民の社会化（socialization）を実施した国は歴史に存在しない」

ローレン教授はまた、「これら私の提言は、『古臭い』伝統主義への後退とみなされるかもしれないが、私は自身の二つの信念を確認する意味でこれらのことを言っているのである。すなわち世の中は社会的相互依存の関係の上に成り立っていること、人間の能力の開発は社会の基本的善であること、この二つである。これらの基本を無視した個人主義も自由も、悲しい幻想に過ぎず、社会全体の卓越さに結びつかない進歩などというものは、結局生き残れる見込みはないのである」

無論同感であるが、一つだけ付け加えると、教授の「人間の能力の開発」の「人間」の意味である。ここでは最大多数の意味で使われているのは明らかだが、特別に高い能力をもつ人間に対する教育については触れられていない。筆者はある大規模州立大学の夏季集中講座で、天才といわれる学生に上級日本語を教えた経験があるが、彼がこの大学から受けていた特別待遇の数々に「これがアメリカなんだなあ」と感心したのであった。全体としての能力開発としては高い結果（例えば百％に近い識字率など）を生んでいる日本の義務教育であるが、飛び級などを禁じる制度は高い能力を最大限に伸ばすシステムにはなっていない。アメリカ人であるローレン教授がこのような英才教育に反対とは思えないが、教授は読者の混乱を防ぐために、ここではそれに触れていないだけであろうということにして、教授との再会が含まれる次章へと進ませていただく。

（註）Thomas P. Rohlen Japanese High Schools（日本の高校） University of California Press

第二章　社会化された日本とやり直し社会アメリカ

挨拶としてのスピーチ

これから読んでいただくのは、アメリカ人聴衆に向けた一時間あまりのスピーチを短くしたものである。長年行ってきた講演活動の最期となったものであるが、前章で取り上げた日本の社会化のテーマに直結している内容になっているため、使わせていただくことにしたのである。内容がアメリカへの賛辞に偏っていて、比較対象としての日本に厳しすぎる印象を与えるかもしれないことを危惧して、見出しに「挨拶」を付け加えた。念頭にあったのは、客が主（あるじ）あてに詠む感謝と賛辞を込めた俳句のそれである。

筆者はアメリカ在住四十年、国籍もアメリカであり、間もなくアメリカの土になるはずの人間であるが、日本人でなくなったという感覚は全くない。日米のいかなるスポーツの対抗戦でも、当然のように日本チームを応援することからだけでも、それは明らかである。従って、今日に至るもアメリカには客として滞在しているという気持であり、それだけに、セカンド・チャンスを与えてくれたアメリカへの感謝の気持が薄れることもない。

とはいえ、このスピーチのようにアメリカの長所のみに焦点を当てた話をしたことは、これまで一度もない。公私ともに、日米比較が日常の生業（なりわい）となって以来、私なりに公正第一に努めてきたからであり、当然アメリカ社会の影の部分についても、日常的に発言してきた。大学の講義にせよ、出版物にせよ、とりわけ学会での発言においては、客観性を失ったものは価値がないからである。

無論、それなりの配慮はしてきた。というのは、いくら本当のこと、正しいことであっても、いや、本当であればあるほど、正しいことであればあるほど、問題を指摘されたアメリカ人にとっては批判以外のものではありえず、いい気持で受け取ることはできないからである。ましてそれが元敵国人であった日本人からである場合は、ほとんど例外なく感情を害することになるのである。

筆者はアメリカ人に向かって日本の説明をする生活をしてきたのであるが、相手が知らないことを説明する場合、相手が知っていることと比較する以外に方法はない。と言うことは、アメリカで日本の話をする場合、半分はアメリカの話をしているわけである。例えば、日本の犯罪率がいかに低いかを伝えようとすれば、アメリカのそれが桁違いに高いことを言わなければならない。アメリカ人がそれを言うのであれば何ら問題は起きないが、日本人が言うと当然反応は違ってくるのである。

極端な例だが、オクラホマ大学で教えていた「日本の教育と社会」というクラスの女子学生が、授業の後で学部の長であるチェアに面会して、「彼は反米主義者である。なぜあんな人を採用したのか、正式なルートで抗議の手続きをしたい」と申し出たことがある。私のことをよく知っている彼は問題にせず、「プロフェッサー・ミウラは私なんかよりはるかに親米的だ」と言ったとの報告を、後日受けた。

また、学外においては、大学の地元貢献の一つである講演プログラム（Speakers Service）にほとんど毎年登録して、あちこちに出かけて話をしてきた。たまに届けずにいると、係から「日本について話してくれる人はあなたしかいないので、今年も何とかお願いします」といった電話が入った。特に、日本経済の驚異的発展とアメリカ経済低迷の背景に教育がある、という評判が広まった時期での需要でもあったのだが、その一方で、世界一に慣れたアメリカ人は、負けている話を冷静に聴くことが難しいのである。ライオンズクラブに招かれて話をしたとき、終わるや否や、最前列にいた初老の男性が、椅子を蹴るようにして立ち上がり出て行ったこともあった。

今回の依頼についても、現役当時と同じような気持で準備をしていたのであるが、途中で気が変わったのである。大きな教会が定期的に行っている教養講座、ディナーつきのレクチャー・シリーズの一つを埋める仕事であったが、何よりも、依頼人である友人夫婦が招いてよかったと思える話をする必要があることに気づいたからである。ついでに言えば、自分にとっても、おそらく最後のパブリック・スピーキングとなる予感があり、妻と娘が参加することもあって、万が一にも苦い思い出になる恐れのある要素は封印した話をすることにしたのである。アメリカの問題については、後半の章に十分書いているし、日本社会については、その類まれな安定性についても述べているので、ご寛容とご理解をお願いする次第である。

インサイダーにとっての「和」の社会

時　：二〇〇九年二月二日
場所：ファースト・クリスチャン・チャーチ、ノーマン、オクラホマ
フォーマット：およそ一時間のスピーチと質疑応答

タイトル：私が日本を離れた理由 - インサイダーにとっての「和」の社会 -　Why I Left Japan: An Insider's View of Society of "WA" (Harmony)

私がはじめてアメリカを訪れたのは一九七八年、四十一歳のときで、高校の英語教師のグループと一緒でした。ニューヨークに飛んで、貸し切りバスでテキサスに移動、テキサス大学で四週間英語の集中訓練を受けた後、ふたたび貸し切りバスでカリフォルニアに移動、カリフォルニアでは、二週間のホームステイと地元の高校での研修、こういったプログラムでした。

私のホスト・ファミリーは二人の女性でした。出発前にそれを聞いた日本に住んでいたアメリカ人の友人が、「それは家族じゃないよ。普通の家族に代えてもらうんだね」と言いましたが、私は、「二人の女性の世話になる方が二人の男の世話になるよりよほどいい」（笑い）と言いました。二人の名前は、バーバラとパメラです。バーバラはコミュニティ・カレッジの看護学部の講師で、パメラは、ナース・プラクティショナー（診断や治療ができる上級看護師）でした。私がこの「家族」のゲストになったのは私の妻も看護学校で教えていたからですが、この経験は私の人生を変えることになりました。私の性的指向（sexual orientation）が変わったわけじゃありませんが（笑い）、それ以外のことは、家族の人生を含めて、すっかり変わったのです。

バーバラは五十歳ぐらい、若い頃は病院に勤めていたのですが、結婚して退職、主婦として出産と育児を経験した後で離婚、大学院で看護学の修士をとって教え始めたわけです。ある日彼女が教える上級セミナーのクラスに招かれましたが、正にベテランのプロフェッサーといった感じで、華麗な転身に感心しました。また、学生達の年齢構成にも驚きました。最高年齢は五十六歳で正式離婚前の別居中、四十代と三十代が二人、二十代は一人だけでした。六人のうち五人が転身組であるのは明らかでした。その頃日本では、あらゆることに年齢制限があり、転身組は看護学校入学どころか、慢性的な看護婦不足にもかかわらず、三十五歳を過ぎると、まともなところに就職もできなかったのです。

パメラも転身組でしたが、彼女の場合はもっと感動的です。彼女は孤児に近い境遇だったらしく、ろくな教育も受けておらず、ウェイトレスみたいな仕事をしていたのですが、ある日、昔のフォスター・ファミリー（一時的に他人の子どもの世話をする家族）の奥さんから電話がかかってきて、訪ねると、未亡人になっていたその人は病気だったので、結局亡くなるまで彼女の世話をすることになるのです。感謝した奥さんは遺書を書き直し、財産の一部をパメラに残すのです。そして、「パメラ、学校に戻りなさい。あんたはいい看護婦になれるよ」と言ったんですね。パメラはそれに従ったのです。コミュニティ・カレッジから始めたのですが、成績がよかったものだから、奨学金をもらって四年制大学の看護学部を卒業、しばらく病院で働いた後、さらに勉強してナース・プラクティショナーになったのです。バーバラの話だと、彼女よりパメラの稼ぎの方がはるかに多いと言っていましたが、とても美しい馬を持っていて、ふたりで乗馬を楽しんでいました。テニス、水泳、教会活動、何でも一緒にしていましたが、ふたりはただの友達でした。少しがっかりしましたが、まあ、リラックスしてください（笑い）。

バーバラとパメラの通っていた教会で、四十代半ばぐらいのアイリーンという女性を紹介されました。旦那さんが暴力をふるうとかで、すでに離婚していたのですが、まだ自分の荷物が少し彼の家に残っていたらしく、バーバラに一緒に取りに行ってくれないかと頼んだのです。バーバラが、私も一緒に行ってくれと言いますので、私は柔道も空手もできませんが（笑い）、「もちろん」と荷物の運搬役を快諾して、バーバラの車でその家に行きました。元の旦那は、意外にも物静かなジェントルマンで、プロフェッサーといった感じの人でした。まあ、プロフェッサーがみんな紳士というわけではありませんけど（笑い）、奥さんに暴力をふるうような人には見えなかったということです。その後、何回かアイリーンに会いましたが、とても生き生きして、ハッピーな感じでした。離婚して公認不動産士の資格を取っていたのですが、素質があったらしく、非常に成功したんですね。私はこのときはじめて、離婚が必ずしも人生の躓きではなく、輝く再出発になり得ることを知ったのでした。

私は何もアメリカのご婦人達だけに注目していたわけではありません（笑い）。テキサス大学で私達のインストラクターだった人達の半分は男性でした。一人だけアシスタント・プロフェッサーが混じっていましたが、他はみんな大学院生で、平均年齢は三十代の半ばでした。ほとんどがこれまでの仕事を辞めて、新しいキャリアを目指す人達でした。彼らの話の中で一番私が衝撃を受けたのは、アメリカの大学院が、理数系の一部をのぞき、社会経験のある志願者を好むということでした。学部を終えたばかりの若い学生より、職業経験のある志願者の方がより真剣であるし、具体的な目標をもっているので成功する確率が高いというのが理由でした。みんな奨学金をもらって、人生をやり直すために勉強しているという話を聞いて、アメリカが日本とは別の世界であることを確信したのでした。

日本でのやり直しは容易ではありません。早い時期に学歴によって将来が決まる仕組みになっていて、キャリアを変更するのは非常に難しいのです。次の引用は、スタンフォード大学教授トーマス・ローレン（Thomas p. Rohlen）による「日本の高校」という本からです。神戸にある五つの高校を研究したものですが、八十年代の日本の教育について英文で書かれた単行本の中では、引用回数が最も多かった本です。

（日本では）入試の難易度によるきわめて精巧な大学の格付けが、四年後に就職する職場の格付けに結びついている。日本の雇用に不案内の読者は、次のことを承知しておかないといけない。すなわち、日本の大学卒業生は、評判のいい勤め先に就職を決めて定年までそこに留まることを期待しているということ、重役や管理職、一般のホワイトカラーの人材を途中採用する習慣はなく、出世は最初に就職したところで階段を上がっていくしかないということ。従って、日本では、最初にどこに就職するかは、アメリカなどに比べてはるかに重要なのである。自分の能力を証明することはどんな組織においても出世に欠かせないが、日本ではどんな出世階段の出発点に立つかを決めるチャンスは一度しかなく、どれだけ有利な位置につけるかは、どの程度の大学を出ているかによるのである。セカンド・チャンスを提供してくれるプロフェッショナル・スクールのようなものもないので、大学入試こそが、将来の仕事を決める最も重要な選考になるのである。（翻訳は筆者）

ここでは大学入試が強調されていますが、ランクの高い大学の入試に合格するためには、ランクの高い高校に入学しなければなりません。たとえば、ノーマンくらいの人口の日本の市ですと、五つか六つ高校がありますが、中学生は、卒業時に学力によって事実上これらの高校に振り分けられるのです。一流と言われる大学に入るためには、これらの高校のトップの高校に入らなければならない。そのためには、中学校で抜群の成績を上げるとともに、学力検査で高い得点を取らないといけません。ということは、日本の子ども達、特に男子の場合は、十五歳頃までに自分の将来の可能性がおよそ決まってしまうのです。

女の子の場合は、結婚によって人生が大きく左右される可能性がありますし、社会人としての目標も男の子の場合とは違う場合が多いので、大学進学への競争は男ほどではありませんが、高校、特に出身地の上位ランクの高校へ入るための競争は男子並みに熾烈です。地元の名門校の卒業生であることは、本人のみならず家族にとっても生涯にわたって有効なプライドになるからです。

日本は、戦後文字通り廃墟の中から奇跡的と言われる復興と経済成長を遂げてきたのですが、その重要な要因の一つとして挙げられるのが日本の初等中等教育です。特に七十年代から八十年代にかけては、アメリカの経済がよくなかったこともあって、日本から何を学べるかということで、アメリカ人による日本の教育の研究が盛んに行われました。それらの研究から浮かび上がってきた日本の公教育（小、中、高）の特徴を、アメリカの教育との比較を視点にして挙げると、次のようになります。

一　公教育の質の均一性が全国的にきわめて高い。
二　落ちこぼれの少なさ。
三　教員の質の高さ。教員への道は狭き門で、特に日本の女性にとっては、男性と同じ機会が与えられる数少ない職業であるため、最優秀のグループが教員を志望する場合が多い。

四　教員の仕事の責任の範囲が広い。教科指導はその一部で、生活指導全般に及ぶ。
五　大学レベルの教育に向かない若者達の教育が手厚い。

私は、ここで特に四と五について発言したいと思います。というのは、これらについては多くの書物が指摘はしているのですが、その中身というか、実際にどのような教育が行われているのか、またそれがどのような永続的な効果を社会に及ぼしているのかなどについては、ほとんど書かれていないからです。私は、日本の高校で二十年間教えましたが、私の経験の特徴は、異なったタイプの高校で教えてきた点にあります。

定時制（夜間）高校（ここでは通信制高校の生徒も指導）で七年、実業（工業）高校で六年、上位ランクの進学校で七年、これが私の高校教師としての経歴です。これらの異なったタイプの高校はそれぞれ違った役割をもっており、教師はそれぞれの役割に必要な職業的な技能を、仕事をしながら身につけていくことになります。

私は英語教師でしたが、夜間高校と実業高校では、英語を教えた記憶よりも、生徒達の生活指導に関わった記憶の方がはるかに鮮明です。これらの高校の生徒はそれぞれ多様な才能の持主なのですが、経済的、健康上、学力などさまざまな理由で大学進学コースからははずれているということで、挫折感を背負っていたり、将来へのビジョンを失っている若者も多いので、教師は彼等に新しい目標を与えなければなりません。そのためには、「君達は将来社会の重要な人材である」と口先で説教しただけでは駄目で、自分自身がそれを信じ、生徒達の中に入りこんで、彼等との連帯感をもたなければ駄目なのです。私が彼等との連帯感を持つことができた一つの理由は、私自身が定時制高校の出身であったからかもしれません。

今晩このパーカーの万年筆を持ってきましたが、これは私が四十五年前に最初に教えた定時制高校の生徒からの贈り物です。私がアメリカに発つ前に、滞在していた遠くにある妻の実家まで、わざわざ奥さんと一緒に訪ねてきてくれたのです。彼等との交流は今も続いており、私が死ぬまで続くことになるのは間違いないでしょう。

アメリカの場合は、学力の異なる生徒が自動的に同じ高校に入るので、学内で能力別に分けて指導しなければならない。そして、一般教師の関心は学力の高い生徒に向けられてしまう。教える時間数は日本の教員よりはるかに多いが、これは教科指導以外の仕事は彼等の責任ではなく、カウンセラーや校長の仕事ということになっているからですね。しかし、カウンセラーの数はとても少ない。もともと学校を離れた生活指導そのものが彼等の任務ではないと考えられていますので、比較すること自体不可能ですが、要点は、国の土台である将来のブルーカラー層の教育に対する配慮と施策が、日本に比べて不十分と言わなければならない点です。

ウィリアム・ラズベリー（William Raspberry 一九三五 ～ 二〇一二、ピューリッツアー賞を受賞したコラムニスト）は、八十年代のアメリカにおける過熱した教育論争の最中に、次のように書いています。

我々は無論高学歴の指導者と官僚を必要とするが、同時にまた家族を養える能力のある労働者も必要だ。どちらを優先させるかについての何らかのコンセンサスがない限り、公教育改革についての議論はすすまないのではないか。どちらも重要だというのなら、二つの異なったタイプの学校が必要なのかどうか。もしそうなら、それぞれの子供がどちらの学校に行くかをだれが決めるのか。我々はこういった重要な問題についての議論を始めてもいないではないか。

日本人がこんな記事を読むと、わが国ではそんな問題はずっと昔に解決済みであると言うだろうと思いますが、重要なのはその対価、すなわち、非常に若い段階で将来の方向がきまってしまい、やり直しがきわめて難しい社会をどう考えるかでしょう。私個人の意見を言えば、その代償は高すぎると言わざるを得ません。何しろ私は、やり直しをするために、四十六歳にもなって自分の国を離れなければならなかったのですから。

一方で私は、一体日本にはアメリカのように、だれにでもセカンド チャンスを与えることができるだけの国力というか、そのような余裕があるだろうか、と考えざるをえません。日本の人口はアメリカの四十パーセント近い（二〇〇九年当時）のですが、国土はオクラホマ州のおよそ二倍しかありません。おまけに、国土の七十パーセント以上が山です。天然資源は、海産物以外はほとんどありません。毎年自然災害が大きな犠牲をもたらします。オクラホマの竜巻は恐ろしいですが、台風に比べれば、被害の規模は比較になりません。ハリケーン・カトリナを思い出してください。あれこそが大型台風の仕業です。さらに怖いのが地震ですが、日本は世界のどの国よりも地震の発生率が高い国と言われています。

私は、六、五〇〇人が犠牲になった阪神淡路大地震のすぐ後に、オクラホマ・シティの商工会議所で話をしたことがあるのですが、質疑応答に入った冒頭、年配の男性が、持っていたウォールストリート・ジャーナルの記事を指さしながら質問しました。「この記事には、『政府も国民も、まるでおまじないのように、ガマンを繰り返しているだけだから、救援物資は届かず、犠牲者の苦痛は増すばかりだ』などと書いてありますが、どう思いますか」

私は、質問の内容もさることながら、一流紙と言われるウォールストリート・ジャーナルにしてはあまりにも日本についての常識を欠いた論調に失望して、一瞬沈黙したのですが、間を置かず、中年の婦人が手を挙げて、略奪などの不法行為が一切なかったことを指摘、「感心しました」と言ってくれました。実は、あのときの日本人のガマンに感銘をうけた私は、当時連載コラムを書いていた月刊誌に、「誇りを有難う」という記事を書いたばかりだったのです。

日本は、国民の我慢によって戦後の復興を成し遂げた国と言っても過言ではないでしょう。個人が先駆けをせず、集団としての和を保つことを至上とする社会、これが日本の特徴です。日本は民主主義国ですから、これは強制によるものではありません。あくまでも自発的なもので、その平易な表現がガマンなのです。

だれがグループのリーダーになるかは、年齢、学歴、性別、コネなどにより決まります。いくら優秀でも自分の順番がくるまで待たなければなりません。おそらく最も悲劇的なケースは、最後まで自分の順番が回ってこない場合でしょう。私がいた高校教育の現場について言えば、校長になるのは五十歳をすぎてからで、六十歳で定年退職になりますが、大部分の教員には最後まで順番が回ってきません。アメリカでは管理職を希望する人は、その目的に見合った教育を受けて二十代でも管理職につける。逆に、平教員が長い人は、管理職には不向きと判断されることが多いと聞きました。

アメリカに来て以来、日本では出会うことのないさまざまな人達と出会いました。三十歳前後の女性の高校の校長や銀行の支店長、まだ二十代に見える女性のスーパーのマネージャー、看護婦を辞めて医者になった女性、つい先日は妻と一緒に、五十歳を過ぎて飛行機の操縦を習い、今は中国などに航空機の配送をしているという女性と食事をしました。

無論私は、アメリカ社会の問題点について知らないわけではありませんが、今日は、それについては話さないことにしていますので、お聞きになりたい場合は、改めてお招きいただかねばなりません。私が今日申し上げることができるのは、どんな国・社会にも問題はあるが、私は日本の問題よりアメリカの問題の方を選んだということです。理由は、人生は、ただ過ごすのではなく、生きなければならない（Life has to be lived, not just spent）、そう思ったからです。

日本は変わりつつあるか。あるいは、日本も変わってきているんじゃないか。これらは、学生が私によくした質問ですが、大抵、日本でこれまでに殆どなかったこと、珍しい社会現象などが起こっていることを伝えるニュースを見聞きした場合に、この質問をしました。私は、「ニュースになっているうちは、変化は起きていないということだよ」と言ったうえで、ほとんどの場合、「私が生きているうちにはそんな変化は起きないね」と答えてきました。

しかし、これは退職する前の話ですから、私自身の残り時間が少なくなった今はもう通用しません。それだけでなく、学生が一度も訊かなかったある大きな変化が起きていますので、日本の変化について話す場合、これに触れないわけにはいきません。

実は四年前（二〇〇五年）、日本の人口が一八九九年以来百数年ぶりに初めて前年に比べて減少したのです。遠からず減少数の増加は避けられないと予測されています。原因や対策については さまざまな議論がありますが、要するにこれは出産数が減ったということで、肝心要（かなめ）の担い手である女性の生き方の変化に直結した問題ですから、方向の再転換は容易ではありません。

その点については、日本は間違いなく変わってきています。昔話になりますが、私達が結婚した時、妻は二十三歳でした。ところが、一週間すると、「今日は私の誕生日よ」って言う。誕生日を秘密にしていたらしい（笑い）。私は驚いて言いました。「もう二十四だって？ そりゃフェアじゃないよ、まるで詐欺だ」（爆笑）。その頃女性は、売れ残らないために、できるだけ早く結婚する必要があったのです。若いほど商品価値が高かったわけで、売れ残りを嫁さんにしたい男はいなかった（笑い）。

女性蔑視に聞こえるかもしれませんが、時代背景をご理解いただかないといけません。当時は大半が見合い結婚でした。「見合い結婚」と言っても、出会う機会がアレンジされるというだけで、合意があればデートをはじめたわけです。私達の場合は、私の母の友達が日赤病院で働いていた妻の患者だったのです。そこでふたりが相談して、私達を会わせようということになった。ただし、私には何も言わないまま、ある日電話をかけてきて、「ちっとも帰ってこないが、たまには親に顔を見せたらどうなの」って言うから、次の日曜日に帰ってみると、今そこに座っている妻が来ていたわけです（笑い）。何と言うか、一種の陰謀ですな（爆笑）。

将来の伴侶となる可能性のある候補者についていろんな評価をするのは当然で、この点女性も負けてはいないどころか、男よりももっと具体的で実利的な評価をします。それを象徴するのが、「家つき、カーつき、ババ抜き」という言葉でしょう。イエツキ、つまり家があること、カーツキ、車があること、ババヌキ、おばあさん、すなわち、姑がいないこと（笑い）。今はみんな車を持っているので、別なのができていますけど、私達の時代はこれだった。女性の男性評価が男のそれ以上に厳しかったのがおわかりでしょう。

男の利点は、適齢期の年齢に幅があって、ほとんどあせる必要はなかったのですが、女性の場合は短期勝負ですから、大変でした。二十七、二十八になると、アメリカ流に言えば、負けが込んで首が危ないフットボールチームの監督みたいになった（爆笑）。三十になると、万事休す（笑い）。

そんな時代は過去のものとなりました。女性の平均結婚年齢が上がっただけでなく、結婚しない男女が増えました。当然出産年齢も高まりました。日本では未婚で出産する女性は今でもきわめて少ないこともあって、出産率はますます低下したというわけです。

結婚しない男女が増えた理由の詳細な分析をここでする余裕はありませんが、少なくとも理由の一つは、女性が結婚生活の質を問い始めたからでしょう。特に大企業や官庁などで働くサラリーマン、一昔前ならお婿さんとして引く手あまただった彼等の生活が必ずしも憧れるようなものではない、そう思いはじめたのではないでしょうか。

東京にいらっしゃる機会があったら、夜遅く十一時ぐらいに都内を走る下りの電車をご覧になってください。まだ満員のはずです。乗客のほとんどが男性ですけど、朝のラッシュアワーは七時頃から始まりますから、長い一日です。女性は専業主婦として家にいることができますが、旦那さんは仕事で疲れ果てる毎日を送っているわけで、これが奥さんの生活の質に影響しないはずがありません。

厚生労働省と日本家族計画協会に依ると、日本の夫婦の三分の一はセックスレスであると言われています。仕事で疲れ果てた日本の夫達は休息のために家に帰るわけで、妻や子ども達と生活をエンジョイするエネルギーは残っていないわけです。日本の若い女性達の多くがこういう状況を観察して、「あんな暮らしは嫌だ。あれは人並みの暮らしではない」と言いはじめたのはむしろ当然かもしれません。

最近厚生労働省は、日本人が仕事とプライベートな生活のバランスをとることを奨励するプロジェクトを立ち上げました。CNNは、これを、「早く家に帰って赤ん坊をつくるプロジェクト」と呼んでいます（笑い）。日産、日立、キャノンなどといった日本の十の大企業がこれに賛同して協力をすることになっていますが、果たしてうまくいくでしょうか。長年の労働慣行が、このような思いつきの掛け声で変わると考えるのはいささか楽観的過ぎるでしょう。

一般論として、日本の社会は変わるのかと訊かれて、ノーと答えることはできません。この世に変化しない社会などあるはずがないからです。問題は、変化の方向でありスピードです。

そこで、質問を言い換えましょう。日本は遠からずアメリカのように、セカンド・チャンスがふんだんにある社会となる可能性はあるのか、これなら今の私にも答えられます。私の答えは、残念ながらノーであります。私の孫の時代はわかりませんが、私達の子どもの時代では無理、と申し上げておきましょう。

そういう次第ですから、セカンド・チャンスを与えてくれたこの国に改めて感謝し、私の話を終わりにしたいと思います。サンキュウ。（このあと質疑応答）

スピーチ後記

第一次ベビーブーム世代が教室を満杯にする時代に教師になった私は、スピーチで述べたように、幸運にも異なるタイプの高校の生徒達と交わることができた。とりわけ貴重だったのは出発点における定時制高校生との交わりであった。彼等の見送り（ホテル泊つきの送別の宴を含む）を受けての渡米後九年が経過した一九九二年、初めて著書を出版した記念パーティには多くが参加してくれたのであった。以来再会する機会がなかったのだが、六年前（二〇一六年）に、初めての生徒の一人からメールが届いた。私は翌年の訪日を約束、二〇一七年秋、クラス会を用意してくれた彼等と再会を果たした。私は挨拶の中で、「自分は定時制高校の落ちこぼれであったが、それに比べて、みなさんは高校生でありながら一人残らず社会に欠かせない大切な仕事をしていた。みなさんの職場訪問をしたとき、とても誇らしくうらやましかった」と、当時の正直な気持を話したのであった。

なお、スピーチの評価だが、どうやら成功だったらしく、顔見知りの大使夫人が、終了するや、演台に近づいて褒めてくれ、「主人は先約があって参加できなかったけど、きっと残念がるわ」と言ったり、世話役夫妻の奥さんからは翌日、「あなたはうちの教会ではもう有名人（celebrity）よ」との報告を受けたりした。一方、私自身はひとつの発見をすることになった。日本人がアメリカ人に向かって日米比較の話をすることの難しさについては既に述べたが、これは国籍などとは関係なく、どんな顔をしているかが問題なのである。コーネル時代の恩師S教授によると、You have the wrong face（間違った顔＝スピーチの内容が聴衆に受け入れられない顔）ということになるが、このスピーチのように、長所だけを選んで述べる場合は、the wrong faceは一転してthe right face、いや、効果抜群のスーパー・フェイスあるいはマジック・フェイスになるという発見であった。具体的に言えば、一九九〇年代はじめ、日米貿易摩擦の渦中にあって、日本の首相を含む複数の政治家が、アメリカ人労働者の勤労倫理を疑うかの発言をして問題を過熱させた（その結果オクラホマでもジャパン・バッシングが起き、息子と妻が帰国しなければならなくなり十年を超える別居を余儀なくされた)。問題の深刻さを知った百年を超える歴史をもつ地元紙が特集を企画、インタヴューした私の大きな写真をご丁寧にも一面と三面(「三面記事」のことでページ数は一四)に載せるなどしたことを聴衆がどの程度記憶していたかは不明だが、いずれにしても、「アメリカ人は怠け者」的な発言をするリーダーがいる国からやってきた人間による具体性のある肯定的証言が、聴衆にとって自信回復の助けになったことは間違いないのである。

第三章　日本の「再生」リカレント教育

その背景

産官学あげて強力にすすめられているリカレント教育推進事業は、筆者が若かった頃のそれとは別物であり、「再生」はその意味を表している。一体、かつてのリカレント教育はなぜ掛け声だけで終わってしまったのか。大学が動かなかったからである。半世紀を経てその大学が遂に動き始めたのである。理由は少子化により「客」が減ったからである。文部科学省（二〇二〇年学校基本調査）によると、ピーク時（一九九二年）二〇五万人だった十八歳人口が一二〇万人に減ったのである。三〇年間に八〇万人の減少である。減少は今後も続き、二〇二〇年時点での推計では、二〇四〇年には八八万人になるとされている。（註）四年制大学進学率が調査

時の五十三 %が続くと仮定すると、二〇四〇年には千人規模の大学が一五〇校も減ると言われているのだから、大学は文字通り存亡をかけて変わらざるを得ないのである。

（註）文部科学省二〇四〇年に向けた高等教育のグランドデザイン

加えて、今日の著しい技術革新や予測不可能な天災人災は、DX（註）分野を筆頭に高度な知識や技術をもった人材育成を急務にしている。本格的リカレント教育は、大学のみならず国家の存亡をかけての取り組みなのであり、従来の縦割り行政では到底対応できない。再生リカレント教育への取り組みが産官学連携による国家的プロジェクトであるのは当然であり、それだけに、再教育のチャンスのなかった人達にとっては、掛け声だけでない本物の自己実現のチャンスが訪れているのである。本章は、これを機にリカレント教育による自己実現を志向されている方、あるいは迷っておられる読者に向けて、最新の関連情報をまとめたものである。

なお、「はじめに」でお約束した筆者自身がやり直しにあたって発見した「百%後悔しない決断の方法」は、このタイミングでお伝えするのが至当と思われるので、披露させていただく。

（註）DX：Digital Transformation（デジタルトランスフォーメーション）とは、企業がデジタル技術を用いて、業務フローの改善や新たなビジネスモデルの創出だけでなく、古いシステムからの脱却や企業風土の変革を実現させること。

筆者は、当初これを安易に「コロンブスの卵的発想」と呼んでいたのであるが、しばらくして、すでに世間ずれしていたこの表現が、実は一種のペテンであると思うようになった。コロンブスのしたことは、ゲームをしている途中で勝手にルールを変更して勝ち名乗りをあげるのに等しい行為だったからである。

従って、これに代えて、「やり直し方程式」と呼ぶことにしたのである。方程式とは、言うまでもなく、X（未知数）に特定の数を代入するとき成立する等式であり、例えば、8÷x＝2の場合、Xは四以外ありえない。私が着目したのは傍線部、すなわちこれ以外にないと確信できる選択をしたかったわけで、そのために私は、どちらを選ぶかではなく、どちらを選ぶことができないかを自問することにしたのである。その結果はっきりしたのは、自分にはこの時点で「やり直しをしない」という選択はないという事実であった。「やり直しをする」を選べば、成功の可能性はいくら低くてもゼロであるはずはない上に、たとえ失敗に終わっても、「逃げないでやってみたのだから」という納得感が残る（アメリカ人はこれをI triedと言って重視する）。この納得感については、現在の筆者のように、残り時間が少なくなった時、その本当の価値が分かるのであるが、それは生き切ったという感覚であり、これは人生の長短とは基本的に関係がない。その意味で筆者は「人生百歳時代」などという掛け声に強い拒否感をもつ。何故なら百歳まで生きない人（全日本人の九九％以上）に人生の終わりに臨んで完結感を与えない恐れが大きく、これほどの罪は少ないからである。念のために付言すれば、以上述べたことはあくまでも単身の場合である。家族がいる場合は、先ず同伴者の同意が必要となり、子どもを含む扶養家族がいる場合には当然そのためのバックアップ・プランが必要である。言い換えると、自分の人生を生きるということは無責任な行動をとることではないのである。

産官学連携のリカレント教育推進事業

二〇一六年　文部科学省、大学教育の質的改善をはかるための提言、その後改善状況を実態調査、大学は提言を受けて改善に取り組む

二〇一七年　第二次安倍内閣「人生一〇〇年時代構想会議」に基づく「人づくり革命基本構想」発表（その中に大学改革、リカレント教育についての具体的な政策が盛り込まれた）

二〇一七年　経済産業省、ITデータ分野の高い教育訓練講座を経済産業大臣認定の講座として第四次産業革命スキル習得講座認定制度を設定

二〇一八年　文部科学省、厚生労働省、経済産業省との連携によるリカレント教育推進事業

発足

二〇一八年　厚生労働省、主体的に学ぶ労働者への支援として教育訓練給付金及びキャリアコンサルティング。事業者に対しては人材育成への支援

二〇二〇年　文部科学省、高等教育修学支援制度発足

二〇二一年　文部科学省、従来の提言に加えて、「就職・転職支援のための大学リカレント教育推進事業」発足を指示。とりわけ、イノベーション創出が期待できるスキル習得のための教育推進などのプログラム樹立を提言。大学は、文部科学省の「大学の質的改善をはかるための提言」に基づき、大学開放、教育プログラムの改善、社会人の受け入れ、夜間や土曜日の開講、授業形態の改善、通信、サテライト、オープンキャンパス、在学期間の延長など社会人が学びやすい環境や教育プログラムの改善へ向けての取り組み開始あるいは強化

一方産業界は、技術革新に対応できる人材不足に危機感をもち、大学と産学共同会議を立ち上げ、産業界の立場から必要な人材の知識・技術などについて提言、大学等が行うリカレント教育プログラムへの協力、実務家教員の派遣と質の向上をめざしている。また学生となる社員の学習支援と奨励、修了証の評価、プログラム開発への産業界の参画促進、習得できる知識、

内容等の公表、六〇時間以上の短期プログラムを認定促進、履修証明制度の見直し、単位累積加算制度の利用促進などの提言や支援。

学び直しをしたい人のために

以下は、読者の便宜のために、情報の内容を目次から転載したものである。

A　社会人枠入学

これまでは大学在学者のうち二十五歳以上の社会人学生は非常に少なかった。OECD平均三十四％に対して日本はわずか二％であった。しかし、十八歳人口が減る中で、社会人の学習を支援しようという方向で検討がすすめられている。実際に社会人選抜（註）を実施している大学は多くなっている。社会人選抜を行っている大学は国立で四十一校である。

社会人選抜は一般入試と異なり科目数が少なく、小論文、場合により英語や専門科目、面接といったようなものが多いようである。試験の時期は十月、十一月ごろである。次に社会人を受け入れている大学、大学院を挙げてみる。（スタディサプリ参照）

名古屋商科大学　人間総合科学大学院
東京電機大学　大学院工学研究科　青森公立大学経営経済研究科
つくば大学大学院人文社会ビジネス科学学術院　日本大学大学院総合社会情報研究科
日本女子大学　弘前大学大学院地域社会研究科
広島大学大学院人間社会科学研究科　大阪公立大学院都市経営研究科

武蔵野大学大学院人間社会研究科　早稲田大学ビジネススクール
法制大学大学院キャリアデザイン学研究科　北海道情報大学
豊岡短期大学図書館司書コース

他にもあるが、夜間制と通信制がだぶっているところもある。

B　夜間大学、通信制大学

実際に働いている社会人にとって、昼間の大学に通うことは無理である。夜間大学や通信制大学であれば、時間の都合がつけられるであろう。社会人のための夜間大学や土曜日開講、通信制大学、サテライトを利用している大学もある。自分が学びやすい時間帯、オンラインを利用して、スマホやタブレットで授業内容を視聴できるなど、自宅にいる時間や通勤時間を利用して学習できるような工夫がされている。時間だけでなく、経済的にも昼間の大学に比べ、費用が安いなどのメリットもある。たとえば国立では入学金一四一〇〇〇円（昼間二八二〇〇〇円）授業料二六七〇〇〇円（昼間五三五八〇〇円）で、私立の半額程度ですむ。

次にあげるのは、国公立の夜間大学リストである。

資料：全国夜間大学（二部）一覧　国立、公立、私立大学、公立、私立短期大学一覧

【夜間（二部）国公立大学一覧】

室蘭工業大学理工学部創造工学科
山形大学フレックスコースシステム創成工学科
群馬大学理工学部総合理工学科
茨城大学工学部知能システム工学科
名古屋工業大学工学部機関工学教育課程
徳島大学理工学部
前橋工科大学総合デザイン工学科
北九州市立大学地域創成学群夜間特別枠
小樽商科大学経済学科
富山大学経済学部
滋賀大学
岡山大学
広島大学
琉球大学　国際地域創造学部国際地域創造学科

大阪教育大学
愛媛大学
岡山大学法学部
広島大学法学部
神戸市外国語大学英米学科

他にも以下のような大学や大学院がある。

【社会人向け夜間、土日でも通える大学大学院三〇選（出典Career Supli)】
慶應義塾大学大学院経営管理研究科　MBA
ビジネス・ブレークスルー大学大学院
グロービス経営大学院
つくば大学大学院ビジネス科学研究科英国国立オープン・ユニバーシティ
MBAプログラム（遠隔制）
日本大学大学院総合社会情報研究科
早稲田大学ビジネススクール大学院経営管理研究科

立命館大学大学院経営管理研究科
ハリウッド大学院大学ビューティビジネス研究科
K.I.T.虎ノ門大学院（金沢工業大学大学院）イノベーションマネジメント
英国国立ミドルセックス大学区MBA プログラムヒューマンアカデミービジネススクール（HABS）
名古屋商科大学ビジネススクールマネジメント研究科　東京丸の内校（MBA）
青山学院大学大学院国際マネジメント研究科
法政大学大学院経営学研究科
明治大学専門職大学院グローバル・ビジネス研究科
一橋大学大学院ICS（国際企業戦略研究科）
中央大学ビジネススクール（大学院戦略経営研究科）
文化ファッション大学院大学ファッションビジネス研究科
広島大学大学院社会科学研究科マネジメント専攻
亜細亜大学大学院アジア・国際経営戦略研究科
日本工業大学専門職大学院技術経営研究科
産業技術大学院大学産業技術研究科情報アーキテクチャ専攻・創造技術専攻
京都情報大学院大学応用情報技術研究科

神戸情報大学情報技術技術研究科情報システム専攻
大阪市立大学大学院創造都市研究科
目白大学大学院心理学研究科
テンプル大学ジャパンキャンパスロースクール
拓殖大学大学院地方政治行政研究科
名古屋外国語大学大学院国際コミュニケーション研究科
杏林大学大学院国際協力研究科国際開発専攻・国際医療協力専攻

【社会人を受け入れている通信制大学（出典：Brush up 学び）】
八洲学園大学／東京未来大学／自由が丘産業能率大学
佛教大学／星槎大学／日本福祉大学
中部学院大学／豊岡短期大学子ども学科
慶應義塾大学／法政大学／日本女子大学
放送大学／帝京平城大学／サイバー大学
明星大学／玉川大学／ビジネス・ブレークスルー大学
武蔵野大学／大阪芸術大学／人間総合科学大学

日本ウエルネススポーツ大学／愛知産業大学短期大学
京都芸術大学／姫路大学教育学部子ども未来学科
環太平洋大学／近畿大学九州短期大学／近畿大学
創価大／産業能率大学／東京福祉大学
聖徳大学／早稲田大学人間科学eスクール
大手前大学／日本大／ネットの大学（R）managara
中央大学法学部／北海道情報大学／帝京大学
九州保健福祉大学／帝京短期大学子ども教育学科／神戸親和女子大学
小田原短期大学／奈良女子大学／神戸常盤大学短期大学部看護学科
日本福祉大学／中部学院大学／SBI大学院大学
日本医療大学／豊岡短期大学／武蔵野美術大学
大阪芸術短期大学／東北福祉大学／愛知産業大学
東京通信大学／日本社会事業大学／神戸親和女子大学

C　編入学、科目履修制度、単位互換制度、公開講座

大学には次のような制度がある。これまで自分が学んできた単位が認められて四年制の大学への編入ができると、学位取得につながったり、その上の修士課程、博士課程への進学への道も容易になる。また科目履修制度、単位互換制度、公開講座といったものがある。それぞれの制度のちがいについて理解し、自分に合った方法を選ぶ必要がある。

編入学：大学中退、短大、高等専門学校、専門学校などから四年制大学へ

編入学についても幅が広がっている。四年制大学に一から入りなおさなくても二学年次や、三学年次に編入することができる制度である。これによりチャンスは広がる。大学を事情により退学した場合でも、いつ退学したかにより、それまでの単位が認められれば、二学年次または三学年次に編入して学ぶことができる。短大の卒業生は短大を卒業すると、短期大学位が授与される。（これまで準学位であった）短期大学位を持っている人は四年制大学の二年次または三学年次に編入して卒業すれば、四年制大学の学位が授与される。

高等専門学校卒業生はいわゆる高専とよばれる。高専で、五年間学び卒業すると準学士となる。四年生大学の二学年または三学年に編入して大学の学位をとることができる。また高専の専攻科でさらに二年学び卒業すれば、学位授与機構の審査を受けることができ、それに通れば、学位がとれる。

専修学校（専門学校）は専修学校制度により文部省に認められた専門学校を卒業すると専門士となる。専門士は称号であって学位ではない。しかし専門士の編入学を受け入れている大学も増えてきている。多くの看護専門学校がこれにあたり、看護専門学校三年＋大学二年で卒業できると学位がとれ、さらに大学の修士課程や博士課程で学ぶことも可能になる。（専門士の編入学を認めない大学もあるので注意が必要）

以下は、編入（三年次編入）を受け入れてくれる大学の一覧である。

北海学園大学／東北学院大学／大妻女子大学／神奈川大学／学習院女子大学／北里大学／共立女子大学／愛知大学／愛知学院大学／愛知淑徳大学／金沢工業大学／中京大学／豊田工業大学／南山大学／明城大学／大阪工業大学／関西大学／関西南大学／神戸女学院大学同志社大学／同志社女子大学／立命館大学／仏教大学／竜谷大学／広島修道大学／松山大学／西南学院大学／福岡大学／立命館アジア太平洋大学

科目等履修制度：大学における科目履修制度は在学生以外の一般の社会人が許可を得て特定の科目を履修することをいう。高校卒業程度の学力を有していることが条件で、一科目または複数科目のパケッジでとれる大学もある。試験は書類や面接だけの場合が多い。教職員免許、学芸員の免許、特定の知識、技術に必要な単位を学ぶなどさまざまな理由が考えられる。科目の学習で論文や試験に合格すれば単位がもらえ、卒業単位に加算される。

聴講生制度：大学の講座を正規生以外の人が許可を得て聴講できる制度。聴講生は単位認定を必要としない。自分の教養を高めたり、興味関心のある学習をしたい場合によい。

公開講座：大学が行う講座で一般人に公開して行う授業。大学開放の一環として行っている。

単位互換制度

ある大学でとった単位を他の大学でも認められるようになると、もっと柔軟に自分の学びたいものが学べるようになる。現在八十三％の大学が単位互換制度を実施しているが、提携した大学あるいは同じ地域の連携した大学間での合意により、単位互換が行われている。在学している大学に自分が希望や関心のある講座やプログラムがなくて、提携しているところの大学での講義やプログラムに参加し、単位を認定されたとき、在学大学での単位にカウントされるというものである。他の大学での授業料はただであるが、交通費は自己負担である。サテライトの授業を行っているところがあれば、当然交通費の問題は起きない。

D　大学の履修証明プログラム

（職業実践力育成プログラム：BP認定制度）Brush up program for professional)：

文部科学省の「就職、転職に必要な職業実践のためのリカレント推進事業」によるもので、新しい教育改革としての取り組みである。大学がさまざまなリカレント教育プログラムを開いている。プログラムの内容は各大学の特色を出しているが、IT、語学、医療介護や福祉関係地域創成など今日の社会のニーズにあったものが提供されている。社会人の職業に必要な能力の向上を図る機会を拡大するものである。その中で履修証明制度という以下のような制度が設けられた。

履修証明制度　六〇時間以上のまとまった学習を一年または二年を通して学び、履修したことが認められれば、学長の名前で履修証明書が発行される。これは履修証明制度とよばれるもので、文部科学省が認定している。これは今のところ学位には結びつかないが、高度な知識や技術を習得したものとして認証され、昇給や昇進につながる場合がある。また、単位のように累積すると学位に結びつく構想もあり、履歴書に書くことができる。短期に高度な知識や技術、資格を得たい人には便利である。履修証明プログラムを展開している大学は二十二県　六十三プログラムあるといわれている。一年か二年の短期のプログラムであるので、継続してまとまった学習ができない人でも学びやすいと思われる。

次はリカレント教育を行っている大学の一覧とプログラムである。

（資料：リカレント教育を行っている大学一覧）

小樽商科大学「アントレプレナーシップ専攻MBA」「リカレント教育プロググム」

八戸学院大学「学び直しでre-start!」

岩手大学「女性のキャリア形成支援リカレントプログラム」

東北大学「社会人を対象としたオープンアカデミー」

筑波大学「社会人の夜間大学院」

文星芸術大学
早稲田大学「e-school」
明治大学「女性のためのスマートキャリアプログラム」
日本女子大学「再就職のためのキャリアアップコース」「働く女性のためのライフロングキャリアコース」
東京電機大学夜間土曜日開講
東京理科大学「社会人教育センター」
昭和大学「リカレントカレッジ」
神奈川大学
富山県立大学「若手エンジニアステップアップセミナー」「先端技術リカレント教育セミナー」「DX導入支援セミナー」
金沢工業大学「社会人大学院修士課程一年制」
「虎ノ門大学院科目等履修生
プロフェッショナルミーティング」「原著から本質を学ぶ科学技術講座」
福井大学「DXやビジネスに関連するリカレント教育」
山梨大学

信州大学「信州一〇〇年企業創出プログラム」
日本福祉大学リカレント教育
中部大学大学院への入学、社会人入学、編入学、エクステンションカレッジ
アクティブアゲインカレッジ公開講座
静岡県立大学
滋賀大学「ビジネス・データサイエンス専修プログラム」
滋賀県立大学「ICT実践学座e-pict（イーピクト）」
京都女子大学「リカレント教育課程」
京都大学「社会人向けデータサイエンス」「イノベーション起業家教育」
京都光華女子大学「仕事と私生活の両立プログラム」「次世代ケアワーカー育成プログラム」
京都精華大学
関西大学
阿南大学「科目等履修プログラム、聴講生制度
大阪工業大学「AIデータサイエンス関連のプログラム」
関西学院大学「ハッピーキャリアプログラム」女性向けのプログラム
甲南大学「甲南発法務リカレントプログラム」

和歌山大学
広島大学
下関市立大学「リカレント教育センター」
山口大学「データ科学と社会」「データサイエンス技術」
徳島大学「リカレント教育トクリカ」
愛媛大学「地域社会に合わせた人材育成」
高知大学「土佐フードビジネスクリエーター」
福岡女子大学「イノベーション創出力を持った女性リーダー育成プログラム」
鎮西学院大学
鹿児島大学「奄美環境文化教育プログラム」
琉球大学「キャリアアップを支援する無料リカレント教育プログラム」

Ｅ　女性に特化した大学のプログラム

女性は大学や短大、専門学校を卒業しても、結婚して家庭に入ったり、子育て介護に追われてなかなか学びなおすチャンスがなかった。しかし、女性が学び直しをしやすい環境をつくることで、人材を活用できるし、自己実現につながる。政府も女性のスキルアップや学び直しを後押しするようになってきた。

文部科学省の委託事業として七大学でつくる「女性のためのリカレント教育推進協議会」がたちあげられた。加盟大学は　日本女子大学、関西学院大学、明治大学、京都女子大学、京都光華大学、福岡女子大学、山梨大学である。リカレント教育普及やプログラム開発などを行っている。以下のような大学が女性のキャリアアップなど学びやすいコースを用意している。学びやすい時間帯、短期間で知識や技術が学べること、通学しなくても学べること、経費が安いか、資金援助があることなどの条件を満たす大学が見つかると思う。

主な大学を次にあげてみた。

日本女子大学：リカレント教育課程　「再就職のためのキャリアアップコース」「働く女性のためのライフロングキャリアコース」

明治大学「女性のためのスマートキャリアプログラム」昼間コース

フルタイムで職場復帰をしたい人、非正規雇用から正社員へとキャリアアップしたい人

青山学院大学「キャリアもデザインも支援する女性向けITリカレント教育」文部科学省の委託事業として実施

関西学院大学「ハッピーキャリアプログラム」女性のキャリア起動コース（十月開講六か月プログラム昼間、土日祭日）　女性リーダー育成コース　（六月開講十か月プログラム（夜間、土日祭日）がある。

福岡女子大学　「女性のためのウエルカムバック支援プログラム」有償のインターンシップ制度もあり、実際に受講した人の話では、有償で働けることで緊張感が出て、しかも就職につながりよかったということである。

F　シニアにとってのリカレント教育

超高齢化といわれるようになって、まだまだ学び直しをしたいと希望する高齢者は増えている。学ぶことによって、よろこびや生きがいを感じたり、仕事や社会生活に生かすことができる。そうした人達のためのリカレント教育がある。　二〇一九年より、四十五歳以上の中高年の会社員に特化した学び支援が行われている。特定一般教育訓練の場合、受講にかかった費用の四〇%（上限二〇万円まで）給付が受けられる。大学の社会人選抜の中にシニア特別枠を設けているところもある。大体は書類や面接によるものが多い。参考までにシニアを受け入れている大学や大学院を列記する。

明治大学院商学研究科　（六十歳以上の大卒者）
東京経済大学大学院　（五十　七十歳）
聖学院大学大学院　（五十歳以上）
東京基督教大学　（五十歳以上、五年以上の信仰歴）
長野大学　（社会人）
広島大学　（社会人、特別入試）
関西国際大学　（シニア特別入試）
作新学院大学
敬和学園大学　（五十五歳以上のシニア）
神戸山手大学　（五十歳以上のシニア）
吉備国際大学　（シニア特別入学生　五〇歳以上）
東日本国際大学　（六十歳以上）
長崎ウエスレヤン大学　（六十歳以上）
見延山大学　（シニア特別入学生、五十歳以上）
早稲田大学「Life Redesign College」

広島大学AO入試フェニックス方式
立教大学「立教セカンドステージ大学」
明治大学大学院商学研究科シニア入試
東京基督教大学（シニアコース）
東京経済大学大学院シニア大学院生
東京理科大学理学部第二部社会人特別選抜編入学

また海外で学び直しをしたいという人のために用意されたシニア向けのプログラムもある。語学関係が多いが、現地の文化にふれ、人々と交流しながら語学を学ぶことができる。シニアは自分の健康や体調に合わせた短期の無理のないプログラムを選ぶとよい。

G　教育訓練給付金と奨学金

学び直しをしたいけれど、経済的余裕がない人やどのようにキャリアアップしたらよいかわからない人のためには次のような支援制度がある。

教育訓練給付金制度：一定の条件を満たす方が厚生労働省の指定を受けた教育訓練を受講修了した場合、受講にかかった費用の一部が教育訓練給付金として支給される。教育訓練には次のような三種類がある。

専門実践教育訓練　労働者の中長期的訓練が対象　受講費用の五〇％訓練中六か月ごとに支給資格取得をし、かつ一年以内に雇用保険の被保険者として雇用された場合、受講費用の二〇％（年間上限一六万円）が追加で支給される。失業状態にある人がはじめて実践教育訓練（通信、夜間を除く）を受ける場合、受講開始時に四五歳未満であるなど、一定の条件を満たせば、教育訓練の給付が受けられる。

特定一般教育訓練　労働者のすみやかな再就職、キャリア形成が対象となる。受講費用の四〇％（上限二〇万円）

一般教育訓練　その他の雇用の安定、就職の促進に資する教育訓練　受講費用の二〇％（上限一〇万円）

高等職業訓練給付金：ひとり親の方が看護師やデジタル分野など、国家資格取得のために修学する場合一〇万円を給付

＊指定を受けている講座については厚生労働省の「教育訓練給付制度厚生労働大臣指定教育訓練指定講座検索」を見るとよい。
教育訓練給付の申請は自分の住まいがある地域のハローワークで取り扱っている。

キャリアコンサルティング：在職中の人を対象に、今後のキャリアについてキャリア形成サポートセンターのキャリアコンサルタントに無料で相談を受けられる。
キャリアコンサルタント（国家資格）はハローワークの職員ではないが、ハローワークにいて無料で相談にあたっている。
ハローワーク（公共職業安定所）は全国五四四か所にある。自分の住まいの近くを探すには厚生労働省のホームページをみるとよい。

次の二つの教育訓練給付を受けるには、事前にキャリアコンサルタントによるコンサルティングを受けることが必須となっている。どのようなものがあるか、以下に示す。
専門実践教育訓練給付：プログラミングスクール、大学大学院、専門学校などでの中長期キャリア向けの講座

例：Tech Academy　オンライン完結型スクール一六コース
テックキャンプ　短期集中（四か月）夜間休日スタイル（六か月）四コース
DMM Webcamp　通学またはオンラインが選べる未経験者向けコース
特定一般教育訓練給付　税理士、社労士、介護などキャリアアップ効果の高い講座

訓練前のコンサルティングを受ける場所はハローワークで、訓練開始の一か月前に受けること。時間は一時間程度、国家資格をもったキャリアアコンサルタントから受ける。

まずハローワークの窓口で教育訓練受講を相談、教育訓練の情報を確認し、予約サイトか電話で予約、実施当日までにジョブカードを作成し、当日作成したジョブカードを持参して訓練前キャリアコンサルタンティングを受ける。

また訓練前キャリアコンサルティングは失業保険の活動実績として認められる。

奨学金　文部科学省の高等教育の修学支援制度が令和二年より開始となった。
授業料減免制度の創設や、給付型奨学金の支給の拡充などがある。給付型については、日本学生支援機構が扱う。詳しくは文部科学省のホームページ高等教育の修学支援新制度を参照）
経済的理由であきらめるしかなかった人もこれでチャンスが広がるのではないだろうか。

日本学生支援機構の奨学金：これには卒業後返さなくてよい給付型と返す必要のある貸与型がある。

給付型（卒業後返さなくてよい）

文部科学省の「高等教育の修学支援新制度」（令和二年から）により、給付型の奨学金が始まった。国または自治体の確認を受けた大学（確認大学という）が対象になる。確認大学かどうかは、文部科学省のホームページで見ることができる。

授業料の減免額（上限）給付型奨学金の支給に関しては添付資料一参照。

授業料の減免額の上限は高等教育の種類によって、また国公立か私立かによって異なる。夜間制大学では昼間よりも金額は低い。

私立の大学、短大、専門学校の通信課程では授業料の減免額は一三万円、入学金減免額（一回限り）三万円、給付額（年額）五一千円となる。

世帯の収入に応じて入学金や授業料の免除や減免に加え、生活費のサポートのための奨学金が給付される。給付額は自宅通学か自宅外通学か、国立大学か私立大学かで異なる。私立大学自宅外通学だと、満額支給で七万五千八百円が毎月一回振り込まれる。

留学支援制度：在籍している大学から海外の大学に行って学びたい場合（一年未満）の支援

が受けられる制度である。海外での研修終了後在籍していた大学を卒業することなどの条件がある。(詳細は資料一出典文部科学省参照)

貸与型　(卒業後返す必要がある)

無利子の第一種と利子付きの第二種とがある。第二種は第一種より

ゆるやかな家計基準による。

詳しくは日本学生支援機構のホームページで確認なり、問い合わせをしていただきたい。

大学・専門学校への入学前・入学後に学生または保護者が利用可能な支援制度

国の教育ローン　(日本政策金融公庫)

貸付限度額　三五〇万円以内　(学生一人あたり)　融資の対象になる学校に入学・在学している保護者で、世帯収入による制限あり。子供の人数に応じて幅広く対応

利息年一、六五%

「問い合わせ先・資料請求先」

日本政策金融公庫　教育ローンコールセンター

ナビダイヤル　0570—008656 (月～金　9:00～21:00/土9:00～17:00)

＜昼間制＞

		授業料減免 上限額（年額）	入学金減免 上限額 （一回限り支給）	給付額		
					月額	（参考）年額
大学	国公立	535,800円	282,000円	自宅	29,200円	350,400円
				自宅外	66,700円	800,400円
	私立	700,000円	260,000円	自宅	38,300円	459,600円
				自宅外	75,800円	909,600円
短大	国公立	390,000円	169,200円	自宅	29,200円	350,400円
				自宅外	66,700円	800,400円
	私立	620,000円	250,000円	自宅	38,300円	459,600円
				自宅外	75,800円	909,600円
高専	国公立	234,600円	84,600円	自宅	17,500円	210,000円
				自宅外	34,200円	410,400円
	私立	700,000円	130,000円	自宅	26,700円	320,400円
				自宅外	43,300円	519,600円
専門学校	国公立	166,800円	70,000円	自宅	29,200円	350,400円
				自宅外	66,700円	800,400円
	私立	590,000円	160,000円	自宅	38,300円	459,600円
				自宅外	75,800円	909,600円

＜夜間制＞　※給付額は昼間制と同じ

		授業料減免 上限額（年額）	入学金減免 上限額 （一回限り支給）
大学	国公立	267,900円	141,000円
	私立	360,000円	140,000円
短大	国公立	195,000円	84,600円
	私立	360,000円	170,000円
高専	国公立	※現在開講されていない	
	私立		
専門学校	国公立	83,400円	35,000円
	私立	390,000円	140,000円

【資料一】

https://www.jfc.go.jp/n/finance/search/ippan.html

生活福祉資金貸付制度（教育支援資金）（都道府県社会福祉協議会）
限度額　教育支援費　大学月額六五千円以内
短大　月額六万円以内
就学支援費 五万円以内
対象　低所得所帯
「問い合わせ先」
お住まいの市区町村の社会福祉協議会のホームページ
https://www.shakyo.or.jp/network/kenshakyo/index.html

労働金庫の入学時必要資金融資
　貸付限度額　入学時に
「お問い合わせ」
近くの労金へ
https://all.rokin.or.jp/

「奨学金制度の内容」や「奨学金の申し込み手続きなど融資以外に関することは日本学生支援機構のホームページへ　https://www.jasso.go.jp/

大学独自の奨学金：大学によっては大学独自の奨学金を出しているところがある。「大学独自の奨学金制度」というkey wordで検索すると最新の情報を見ることができる。二〇二〇年以降さらに奨学金の枠を広げようという方向で検討がされているようであるので、希望大学のホームページや直接問い合わせをしていただきたい。

H　学び直しをしたい人のための情報検索

これまで示してきた情報は、一部であるので、あなたにとって不十分であるかもしれません。そこで、どのようにしたら、自分の知りたいもっと具体的な情報を得ることができるか、以下のような検索方法をお知らせしておきたいと思う。

Keyword　検索：次のようなkeywordを入れて検索すると、関連したものや詳しい情報を得ることができる。

「リカレント教育」「社会人選抜を行っている大学」「短大から編入できる大学」「高等専門学校から編入できる大学」「専修学校（専門学校）から編入できる大学」「単位互換制度のある大学」「学習形態別の大学」「シニア向けの大学」「女性向けのリカレント教育」「教育訓練給付」「ハローワーク」「学生支援機構の奨学金」「大学独自の奨学金」「リカレント教育を行っている大学」「社会人を受け入れている大学」「厚生労働省」「文部科学省」「経済産業省」のホームページ、各大学のホームページ
「海外留学支援」「日本学生支援機構」

情報サイト検索：次にあげるのはリカレント教育に関連した情報サイトである。

マナパス：文部科学省がたちあげた社会人のためのポータルサイトである。
社会人の学びに関する情報が幅広くまとめられている。
（一）約五、〇〇〇の大学・専門学校等の条件別講座検索
（二）自分の学習モデルを見つける修了生インタビュー
（三）費用支援や職種別の学び直しを紹介する特集ページ等、日々コンテンツの　拡充に取り組んでいる。

まずはじめに、地域別、大学、短期大学、専門学校別、通学、通信別費用、講座など、自分の条件をクリックして選択すると関係のある情報がえられる。

www.brush-up.jp/recurrent

リカレント教育を行っている大学一覧、通学、通信大学、奨学金などの情報

リクルート　shingakunet.com/syakaijin 学生、社会人のための進学サポート検索

オンラインで学べる大学や夜間、土日でも通える大学院などの情報がえられる。仕事などで決まった時間がとれない人などには必要な情報

スタディサプリ／社会人.com　（社会人、学生のための大学、大学院、通信制大学院検索サイト）シニア向け大学の情報を探すことができる。

Studystudio.jp

以上である。情報は本書脱稿時における最新のものを載せているが、それぞれの大学や官公庁のホームページでの確認や電話などで直接お問い合わせいただきたい。

Good luck with your search and new life.

（アメリカよりご幸運を祈って）

第四章　やり直し社会型高等教育モデル

――アメリカの州立大学

二年制コミュニティカレッジ

アメリカのコミュニティカレッジ（以下CCとする）の特徴を端的に物語る最も有益なデータはその卒業率の低さ（十三％）であろう。文部科学省による日本の大学卒業率は短大も含めて九十六％と言われるから、十三％の数字は日本では理解を超えたものであろうが、実は、これこそがやり直し社会アメリカの特徴、言い換えると日米社会の相違を示す数字なのである。以下にこの数値が物語る背景を挙げる。（一）卒業を目的にしていない、特定の知識や技術習得が目的、（二）四年制大学入学のための準備が目的であるからそれができ次第第四年制大学へ移動する、（三）既に在籍している四年制大学での単位不足を補うため、（四）殆どが働きながらの就学なので貯金が底をついたり失業したりした場合は退学するしかない、（五）出産、離婚など家族絡みの理由などなど、日本の短大との違いは単に大学機構の一部の違いではなく、両社会の違いの縮図であることがお分かりであろう。

日本でのやり直しができなかった筆者が感心したのは、CCの存在しない州はないという事実であった。全米の大学三、九八二（二〇二〇年）、そのうち公立CC 九三五（註一）、CCには無試験で入学でき、授業料も州内居住資格のあるものは無料または減額される。特に感銘を受けたのは、全州にCCが存在すること、それは兵役から帰ってきた若者達の郷里がどこであっても、GI Bill（註二）と呼ばれる奨学金を使って再出発の準備ができるためであると聞いた時であった。現在日本の短期大学の数は三〇九校、うち私立が二九五校、公立はわずか十四、国立はゼロ（註三）である。その実態については筆者よりも読者の方がよくご存知のはずであるから、ここで改めて私見を述べるつもりはなく、かわりに、CCがやり直し社会アメリカを象徴していること、即ち、能力次第でだれでもCCから出発して返済不要の奨学金だけで全米のトップレベルの大学を卒業することができることを指摘しておきたい。

（註一）National Center for Education Statistics
（註二）GI bill　government issue bill 退役軍人援助法
（註三）二〇二二年度文部科学省、学校基本調査

四年制州立大学学生の多様性と類型

州立大学の入学選抜基準は、一部の大学を除いて概ね緩やかであるから、学生の学力には大きな差があるのが普通である。一方、大学はその知的水準を維持するために、不適格者を排除する必要があるので、多数の落ちこぼれが生じることになる。その結果、四年制州立大学の平均卒業率はおよそ六〇％、四年で卒業する学生は半数以下である。日本でも、アメリカのように入口を広くして卒業を厳しくすべきとの議論が繰り返された時期があったが、日本の国公立大学の半数が退学を強いられたり、留年しなければならないような事態は、想像することさえ難しいのではないだろうか。

これから述べる筆者自身の体験による学生達の事例は、そのような厳しい現実の一旦であるが、当然ながら、それは特定の大学や学生達に向けられた批判などではない。アメリアの大学や学生に対しては感謝あるのみで、批判のための批判をする気は毛頭ない。ただ物書きとしての仕事をしているだけであるということで、読者のご理解をお願いしたい。筆者が学生達から学んだことの幅と奥行きをここで列挙することは難しいが、それを可能にするアメリカの文化については語ることができる。短く言えば、それはコミュニケーションの双方向性である。特に日本との違いが際立つのは、授業中における学生からの反応であった。以下は、「現代日本文学」のクラスで、川端康成の「伊豆の踊子」を読んでいたときのことである。作者が生涯を通じて、犯すべからざる処女性に惹かれていたことについて、三島由紀夫が、「氏が処女性に魅惑されたのは、それを失わずには奪うことができないという不条理のゆえであろう」とコメントしたという話をすると、寸刻をおかず、一人の学生が、「それ、ぼくの車のバンパー・ステッカーにぴったりだ」と叫び、二十人余りのクラスがどっとわいたのである。車に短いメッセージを張り付けるのはごく一般的に行われることである。オクラホマに住み始めて間もなく、前を走る車のバンパーに「動物を轢かないように急停車することあり。ただしロングホーンは別(I brake for animals except longhorn)のスティッカーを見つけた。ロングホーンは角が二メートル以上もある牛で、オクラホマ大学のライバルであるテキサス大学のマスコットである。

筆者は日本の大学で教えた経験はないが、いくつかの大学で話をしたことはある。そのときは、すでにアメリカの学生に慣れていたせいもあって、寡黙な聴衆に向って話すことの難しさを一層強く実感した。当然ながら、日本の大学で客員教授などになって教えたことのあるアメリカ人は、何も言わない学生の扱いにいかに困ったかを、口を揃えて訴えるのである。

講演などで私が特に問題だと思ったのは、話が終わって聴衆が解散したあとで、残った人達が質問やコメントをしたことであった。講話のあとで質問の時間がとってあった会場でも、そういうことがあった。しかも、そのうちのいくつかは重要な質問であった。聴衆がいるうちに言ってくれれば、補足説明をして、誤解がないかを確認したり、こちらの要点をより明確にすることができたのに、と残念でならなかった。アメリカでのことだが、しゃべりはじめたとたんに最後部で手が挙がり、もう少し大きい声でお願いします、と言われた。大学の地域貢献の一つであるスピーカーズ・サービスのメンバーであった私は、あちこちで話をしていたが、声が小さいと言われたことは一度もなかったので、私の問題ではないと判断、即刻コーディネーターにマイクの手配を頼んだ。日本だったら、話が終わったあとで、どうも聞きとりにくかった、というようなことになりかねないな、とそのとき思った。

授業中の質問が授業進行の妨げになることはある。特に話の内容と関係のない質問やピントのはずれた質問が邪魔になることは無論ある。しかし、学生からの質問やフィードバックは、欠点を補って十分おつりがくる。それらは、教師の教育方法の問題点を教えてくれるだけでなく、授業内容そのものの改善に役立つので、教師は担当コースの質を毎年向上させることができるのである。

もっとも、日本の大学の先生方は、授業の質の向上などにはあまり関心がないのかもしれないという気がする。国際交流基金からの研究費を得て日本に三か月滞在したとき、大学改革についての会議に出席したことがあるが、学生のオブザーバーから、「試験の答案を返してほしい」との要望が出て、私の学生時代と変わっていない事実に驚いたが、休憩時間中に聞いた不満のいずれもアメリカでは考えられないことばかりで、休講の多さもそのひとつであった。ある大学に招かれて話をしたとき、ホスト役の教授が時間がきてもクラスに行く気配がないので、「先生、もう時間ですが」と促すと、「時間通りにいくと学生が嫌うんですよ」と言われた。学生の出席状況もひどいのであるから、相身互いということなのかもしれない。

私自身は昔の「苦学生」だったので、アルバイトのとき以外に教室に出なかったことはなく、オクラホマ大学在職十一年間、遅刻休講はゼロ（学会などで留守のときは自前で代講を用意した）、内臓手術をしたときは、休暇まで待つと言い張り、ベトナム戦線の従軍医だった評判の名外科医から「病気に都合のいいときはない！（There is no convenient time for sickness!）」と叱られたが、それさえも懐かしく感じるのは、異郷、異文化、異言語の渦中にあって、遠慮を知らない学生達と渡り合い、真剣勝負に近い毎日を過ごしていたからであろう。

以下にいろいろな学生のタイプを、五つの類型にわけて、その特徴とエピソードを挙げてみる。（本書における個人名は一部を除いて全て仮名である）

A　信じ難いリクエスト／高等教育に不適

サンドラ・ロビンソンが突然自宅に電話をかけてきたのは、学期末試験のはじまる一週間前であった。試験が一日に三科目重なったので、日本語を別の日に受けたい、と言う。一日の試験が三科目以上になった場合、学生は、その日の最後に予定されている科目の担当教授に日程の変更を要求することができることになっている。頼まれた教授は、一人の学生のために別の問題をつくり、監督までしなければならない。念のために、彼女の試験時間を訊くと、やはり日本語が最後になっている。規則上断るわけにはいかない。

「何という無駄か」（What a waste）、私はそうつぶやいた。彼女の落第はすでに確実だったからである。欠席日数は三分の一を超えており、ユニットテスト五回の平均は四〇点にも満たない。学期末テストでの挽回は不可能であった。

本人には、再三警告がしてあった。欠席が多い理由を訊くと、彼女は、「働かないとアパート代が払えません」、と言った。近くに住む親との同居を続ければ学業に専念できるのに、と日本人なら考えるが、アメリカ人の若者の多くは、高校卒業とともに、親に干渉されない生活を始めたがるのである。

私は、デパートメントのチェアに連絡して、欠席日数が三分の一を超えていて及第の見込みがゼロの学生に日程外の試験をすることを拒否したいが、と相談しようかと思ったが、その方がもっと手間がかかる気がして、結局、彼女の要求を容れることにした。

サンドラの期末試験の出来はもちろんひどいものであった。ひらがなさえ、まともに書けていない。いずれにしても、これで終わったと思っていたら、何と翌日再び電話をかけてきて、「冬休み中に日本語を勉強して一月に再試験を受けたいので、テューターを紹介してほしい」とのリクエスト、私は一瞬言葉を失ってしまったが、ひと呼吸おいて気を鎮めると、大学には期末再試験の制度など存在しないことを告げて、静かに電話を切った。

B　フラタニティ／ソロリティの悪しき団結

ローラ・カーターは中の下レベルの学生であった。十月末、三回目のユニットテストのあった日の朝、ローラのルームメートを名乗る女性から、急病で救急室に運ばれたという電話があった。二日ほどして、本人が、ミスしたテストを受けたいと言ってきた。

無論、「急病」が理由であったが、それがきわめて疑わしいという情報を、私はすでに掴んでいた。彼女が所属する女子学生クラブの寮における悪質な「相互扶助」の手口を同僚から聞いていたからである。ただ証拠がないので、口に出すことはできない。

「シラバス（教授細目）に書いてあるように、五回のテストのうち、一回は落としてもいい。全部受けた人は、その中で最低点のものを除く。そういうきまりだから、君だけを特別扱いするわけにはいかない」

私は、それだけ言うと、帰り支度をはじめた。

クリスマスまであと十日、学期末試験の日である。終了の時間がきても、ローラだけが机に座ったまま、動かない。「出しなさい」と言うと、「まだ終わっていないんです」と言う。「時間がきたら止めないといけない」と言っても、動かない。私は、廊下で次の試験を待っている学生達に、中に入っていいと合図した。

新学期になって間もなく、縁切れになったはずのローラが、またオフィスにやってきた。成績が納得できない、どうしてCなのか説明してください、と言うのである。

「総合平均点七三点、まぎれもないCだ」

私は、成績査定の資料を確認して、そう言った。

「ジェニファーの成績と同じというのが納得できないんです。私のテストの点の方がいつもよかったんですから」

「成績は一〇点刻みだから、その範囲内である程度違いがあるのはしかたがない。うちの大学では、プラスやマイナスのついた評価が出せないので、この点は確かに問題があり、私は教授会でこのことについて何度か発言したことがあるけど、改正される様子はない。五段階評価が大雑把すぎるのは問題だけど、これは大学のシステムの問題であって、私の責任じゃない」

「とにかく、あなた方は、私が誤解してしまうような指導をしたと思うんです」

「どういう意味ですか」

　テストの度に、どのぐらいの成績かって訊いたんですけど、いつも、平均点以上の点数だから大丈夫だって言われました」

「そんなことを言った覚えは全くない」

「アシスタントの人達ですよ」

「ユニット・テストの成績が平均点を少し超えていたということと、君の成績がCであってはいけないこととどんな関係があるのかわからないね。ユニット・テストが成績全体に占める割合は四〇パーセントですよ」

「私は、このコースではずいぶん頑張ったんです」

「それにしては、欠席回数十八というのは多過ぎるよ」

「そんなに休んではいないはずです」

「どういう意味ですか。出欠の記録は保管してあるから、簡単に証明できる」

「きっと出席カードに名前を書かないことがあったんです」

「それは君の責任じゃないか」

「欠席したときは、アシスタントの人達から個人指導を受けました。その挙句がCなんですから、フェアじゃないですよ」

「ちょっと待ちなさい。フェアじゃないなどという言葉を証拠なしに使ってはいけない。君がアシスタントからたびたび個人指導を受けていたことは知っているけど、そもそも欠席した穴埋めを個人指導で補うというのが、基本的に間違っているんで、それこそフェアじゃないんだよ。オフィス・アワーを本来の目的で利用しようとする学生の妨げになるからね」

「とにかく、Cは困るんです。大学院にいくつもりだから」

「自分で何を言ってるかわかってるのかな。シラバスに配点が全部書いてあるんだから、成績は自分で計算できるんだよ。君のファイナルは、七一点、スピーキングテスト七〇点、クイズの平均が八一点、出席点が七〇点、ユニットテストの平均が七二点、総合成績七三点、ジェニファーは七一点、一体、これ以外の成績をどうしてつけることができるんですか」

C　公正さをどう貫くか／成績上位の学生

パット・ケリーは、成績のいい学生であった。ある日、診断書を持ってきて、一週間分の欠席を帳消しにしてくれと言う。

「そういうわけですから、欠席を許していただけますね」

「欠席の事情はわかりましたから、考慮します」

「考慮するってどういうことですか」

「文字通りの意味ですよ。たぶん君も知ってると思うけど、出席扱いにできる公認の欠席というのは、スポーツなどを含む大学の公的な行事に参加する場合だけだからね」

「診断書、見たでしょう」

「ええ、見ました」

「妊娠してるなんて知らなかったんです。全然そのつもりじゃなかったから」

「……」

「このコースではどうしてもAをとりたいんです」

「みんなそうだと思うけど」

「ほかのプロフェッサーはみんなエクスキューズしてくれたんですけど、先生は、要するに、駄目とおっしゃるんですね」

「そんなことは言っていません。繰り返すけど、考慮すると言っている。それに、ほかのプロフェッサーがどうだからというような言い方は謹むべきじゃないですか。コースによって目的が違うし、当然教え方も違ってくる。外国語と、たとえば、物理で、出席に対する扱いが違うのは当然です。私は私のプログラムについて具体的な目的と方針をもって教えていますが、同時にそれはうちの学部の方針でもある」

「…」

「まあ、ちょっとそこにかけなさい。失礼だけど、君のGPA(成績の平均点)はどのぐらいですか」

「三、八ぐらいです」(Aは数字に直すと四だから、オールAに近い)

「そりゃ素晴らしい。学生はみんなそうだと思うけど、特に成績のいい人は、履修しているコースの質に高い関心がある。君もそうでしょう?」

「ええ、もちろん」

「外国語プログラムの質に最大の影響を与えるのは何だと思いますか」

「…」

「学生の出席状況です。私は外国語の教師を二十五年やっているので、どうしたらプログラムの質を高めることができるか知っているつもりですが、学生が規則的に出てきてくれないことには、どうすることもできない。だからこそ、うちの学部の指導方針に出席の成績算入が明記されているんです。学生は、ありとあらゆる欠席の理由を言ってきますが、大学公認の場合を除いて、だれに対しても、『考慮する』以上のことは言わない。病気、親戚の不幸、経済的な問題、家族の問題から失恋にいたるまで、実にさまざまな理由を言ってきます。私は私立探偵ではないから、理由の真偽をいちいち調査することはできないけど、提出された証拠書類と私のメモを参考にして、それぞれの学生の事情を考慮しながら、アシスタントの人達と一緒に成績査定を行うわけです。

私達の最大の関心は、公正に成績をつけることにあります。そのためにおそらくほかのどのプログラムよりも時間と労力を使っているはずです。たとえば、テストの採点を別の人の目で必ずダブルチェックしていますが、そんな手間のかかることはほかにだれもやっていないと思う。私が君の欠席をエクスキューズすると言わないのは、公正さの点で問題が生じるからです。だから、考慮するとしか言えない。わかりますか」

「ええ」

「こういう言い方をすると、大丈夫だって言ったじゃないか、などと文句を言ってくる学生がいるので、普通言わないのだけど、君は成績がいいし、物わかりがよさそうなので言いますが、今回の欠席だけだったら成績に影響することはないと思います。テストの成績がAなのに，この欠席のためにそれがBになるということはないということです。これから休まないで来られそうですか」

「ええ、もう元気になりましたから」

「そりゃよかった。大事にしてください」

D　ベトナム戦争ベテラン、マーク

マーク・ステュワートは四十過ぎた典型的なやり直し組で、生涯教育の範疇で言うと私と同じ「非伝統型学生」であったが、長年海軍に所属、ベトナム従軍や日本（横須賀）駐留時代があった。政府からの奨学金はあったが、別居している奥さんに子供の養育費を払わなければならず、複数のパートの仕事をこなしていたため、学業との両立が難しい状況であった。

彼と個人的な話をしたのは、「東アジア研究」専攻の学生を自宅に招いたのが最初であった。準備したオードブルとちらし寿司があらかたなくなると、ほかの学生達は帰って行ったが、マークだけは、日本の大学との交換留学について訊きたいことがあるということで、残ったのである。片付けを手伝いながら、マークは、海軍にいたときの横須賀駐留時代の話をはじめた。湾岸戦争が終ったばかりで、この種の話題には事欠かなかったのである。

「横須賀と言えばね、初級日本語の通信コースを取っている学生が、ミッドウェイに乗ってるんだけど、これから横須賀に帰りますって、書いてきた。ペルシャ湾から課題をずっと送ってきてね、はじめは、USS・MIDWAYのスタンプが押された手紙がきたのでびっくりした。戦争してる最中に、どうして勉強なんかできるんだろうって思ったからね」

「いつも撃ち合ってるわけじゃないから、結構時間はあるんですよ。特に海軍は衣食住揃った環境にいるから、陸軍とは違いますね」

「衣食住か、そう言われてみると、まさにそうだね」

「待機中は、むしろ、ほかに何か集中できるものがあると助かりますね」

「なるほど。ウェンディという空軍にいた学生が別のクラスにいるんだけど、同じようなことを言ってたのを思い出したよ」


マークは、当時多くのアメリカ人がしたように、日本の湾岸戦争への人的貢献の欠如を非難するようなことはせず、日本がいかに巨額の資金提供を行なったかに触れ、リアリストらしさを見せたが、日本の「平和憲法」については、その問題点を指摘し、「改正が必要です」と言った。「日本人はナイス・ピープルだけど、防衛に関する限り，あまりにも非現実的だ」とも言い、次のように続けた。「この問題について僕は、日本の友達に、日本にはなぜ警察があるのかって訊くことにしてたんですよ。すると、悪い人間がいるからと答えるので、国内には悪い人間がいるけど国外には悪い人間はいないと信じているのか、憲法にそう書いてあるそうだけど、そんなことを信じるのかって言うと、だれも答えられない。こんな質問もしましたね。奥さんやガールフレンドが悪いやつに乱暴されているときに、悪いけど、平和憲法があるから僕には何もできないよって言うのかってね」

マークは、決して雄弁な男ではなかったが、彼のこういう論法には、不思議な説得力があった。彼の家族や友人に危害を加える者がいる場合、警察を呼ぶ余裕がなければ、躊躇うことなく自ら何とかしようとするに違いないと思わせる雰囲気をもった男だったからである。

考えてみると、私はそのときまで、このようなタイプのアメリカ人と親しくなったことがなかったのである。このことは、マークのような人達が少数派であるということではない。それどころか、彼らは、全米ライフル協会の元会長チャールトン・ヘストン氏の言葉を借りれば、「長年にわたってアメリカ社会に根ざしているこの国の本流」なのである。むしろ、私がつきあってきたアメリカ人が、大学の関係者などに偏っていたのである。マークが相談したいと言っていた交換留学の話は、最後まで出なかった。

新学期に入って三週目、マークにいよいよ引導をわたさなければならない日がやってきた。予測通りに、成績の見通しが絶望的となってきたからである。学期はじめに警告してあったので、マークにも状況はわかっていた。一回目のユニットテスト終了後、彼をオフィスに呼んだ。

日本語コースをドロップして、ほかのコースを履修できる可能性があるかもしれないぎりぎりのタイミングである。

「いろいろ考えたんだけどね、君の選択は二つあると思う。ひとつは、専攻を変えること。これができれば一番現実的と思う。もうひとつは、初級日本語後半のコースを通信教育で取る。デパートメントのチェアと相談しなければならないけど、私が両方担当しているわけだから、手続き自体はたぶんどうにかなると思う。ただし、通信で日本語の単位を取るというのは非常に難しいし、中級日本語は通信では取れないから、またクラスに戻らなくてはいけないが、不可能ではない。いずれにしても、このままだと大変なことになるので、至急、決断しないといけない」

マークは、覚悟をしていたらしく、専攻を変えますと言った。そして、実は、すでに途中から入れてもらえそうなコースのプロフェッサーに会って下話がしてある、とも言った。

私は、胸をなでおろすと、思いきりよく立ちあがったマークに手を差し出しながら、「『日本の教育と社会』を取ると言ってたから、また会えるね」、と言った。マークは、あいまいに頷くと、太い手で私の手を握り返し、日本語で「失礼します」、と言って、出て行った。

マークが大学を中退したことを知ったのは、それから三ヶ月後、夏休みに入ってからすぐのことであった。私は、思いがけなくも、得難い一人の友人を失ったことに気づいたのであった。

E　ジェイムスを助けたリサとデビー

三人は私の「日本現代文学」のコースを受講したのだが、お互いは初対面であった。ジェイムスは交通事故による脊髄損傷で首から下が完全に麻痺してしており、電動式の車椅子を口で操作して移動していたが、大抵ボランティアの付き添いが同行していた。授業開始前に、学生支援サービスの担当者から連絡があり、同じクラスの学生の中からヘルパーを選ぶように言われていた。このような支援は始まってまだ日が浅く、学部内でもはじめてのことであり、私は不安であった。まずしなければならなかったのは、彼のためにノートをとってくれるクラスメートを見つけることであった。一人では当人が欠席した時困るので、少なくとも二人必要であった。結局、授業開始日にクラス全体に呼びかけるしかないということで、その日を待った。アメリカ人学生相手なら必ず反応が返ってくるとの思いはあったが、継続した責任を伴う援助であったから不安は拭えず、学生に話をするときは緊張してしまったが、それを悟られてはまずい。私は、クラスのはじめに、さりげない調子で事情を話し、クラスが終わる直前に、「希望者は?」と、問いかけた。

一瞬の間をおいて、二人の女子学生が、相ついで手を挙げた。その二人がリサとデビーだったのである。二人と言ってあったので、続いて手を挙げる者はいなかったが、まだほかにも申し出のありそうな雰囲気があって、私は久しぶりに感動してしまった。無論、態度や表情には出さなかったが、予想を越えるクラスの反応に、内心ほとんど狼狽したぐらいである。

クラスを解散させた後、私はしばらくの間、ジェームスと二人の女性がノートの取り方について相談するのを眺めていた。どちらも、申し合わせたように、知的で気品のある美しい顔をしている。私は突然、学生時代、京都の私鉄三条京阪の駅で、白人のシスターが、明らかに通行の邪魔になる、荷物が載った重い大八車を脇へ除けようとしている場面に出くわしたことを思い出した。（今から想うと、なぜそんなものが駅の構内にあったのか不思議であるが、何しろ一九六二年のことである）そのときのシスターの美しい顔と似た顔、そう感じたのである。違いは、シスターの顔が、力仕事と、おそらく衆人注視の中で上気していたのに比べて、二人のそれは、まるでビジネスの相談をしているように冷静なことであった。そして、共通しているのは、もともと美しい顔が、一層輝いて見えたことであった。

それにしても、と私は、自分の気持・意思を瞬時に行動に移すアメリカ人と、周囲を意識して行動を躊躇いがちの日本文化の相違について、改めて考えざるをえなかった。当時の私はアルバイトで外国人観光客のガイドをしており、外国人との接触には慣れていたので、すぐにシスターの手伝いをしようとしたのであるが、次の瞬間、ほかのだれもそれをしてないことに気づき、足が止まってしまったのである。躊躇っているうちにシスターは、動きだした大八車をひとりで移動させてしまったのであった。

期末試験の日に、私はリサとデビーに次のサンキュウ・カードを手渡した。

リサとデビーへ

一学期間ジェームスを助けてくれて、本当にありがとう。あなたがたのような若者がいる限り、アメリカはいつまでも素晴しい国でありつづけるでしょう。一緒に勉強できて本当によかったと思います。あなたがたのような学生のおかげで、私は誇りをもってこの大学で仕事をすることができます。

お元気で、KM

Dear Lisa and Debby,

Thank you very much for helping James throughout the semester. America will remain a wonderful country as long as there are people like you. It's been a real pleasure working with you. You make me proud of teaching at this university.

With all best wishes, KM

第五章　アカデミック・ジャングル

五十一歳のジュニア・ファカルティ

カレンダーを一九八七年十月末（大学院生活五年目）にもどしたこの日、私は、求人情報から七つ大学を選び応募書類（成績証明書や推薦状を含む）を送付した。すると予想外に早く、オクラホマ大学からレクチャー・インタヴュー（博士論文についてのオープン講義と面接）に来るようにとの電話が入った。次の週、三日間同大学を訪問して帰ってくると、三日後には学部のチェア（註一）から採用するとの電話が入った。サラリーが提示され、六年契約、テニア・トラックの（終身在職権をもらえる可能性がある）助教授としての採用である（註二）。私は別の応募先からの連絡を待つべきか迷い、三人の指導教授に相談した。応募大学の中での希望順位が必ずしも高くはなかったからでもあるが、サラリーが安すぎたのが一番の理由であった。

ここで、脇道にそれるが、日米の給与構造の違いについて書かねばならない。アメリカのサラリーは、職業に対する世間の漠然としたランクなどに依らず、あくまでも需給状況と求職者の実質的貢献の度合いによって決まる傾向が強く、たとえば、大学助教授の平均サラリーは、歯科衛生士や看護婦のそれより大幅に低いのである（註三）。歯科衛生士になるための教育は二〜四年、正看護婦四年、助教授は順調にいって十年（註四）かかるので、この事実だけに注目すれば、不公平に感じられるかもしれないが、私自身はそのように感じたことは一度もない。いささか淋しい気がしたことはあるが、不公平と思ったことはない。歯科衛生士や看護婦の必要度および社会貢献度の高さを知っているからである。予防歯科が普及していない日本では、歯科衛生士の役割が軽視されているが、私達夫婦を含む圧倒的多数のアメリカ人が、終生自分の歯を維持できているのは、歯科衛生士のお蔭なのである（註五）。翻って、彼等に匹敵するレベルの社会貢献のできる可能性のある助教授がどのぐらいいるか、あるいは、助教授が次のポストへの登竜門にすぎないことを考えるとき、不公平感はなくなるはずである。

とはいえ、提示されたサラリーが私と家族にとって不十分である事実は変わらない。同じ大学であっても、専門分野によってサラリーが大きく異なるのは、アメリカの場合、外部の市場価格に左右されるからであるが、私の場合は、一般教養科目に属する外国の言語・文学・文化の領域で、学外では最もつぶしの効かない分野であるため、サラリーも最低となるのである。無論、年齢加算や家族手当などは皆無であるから、私の場合は五人家族で、長女は大学入学を控えており、まともな生活ができる額とは思えなかったのである（註六）。

日米の違いをもう一つ加えると、大学を含むアメリカの教員給与は、管理職をのぞき九カ月契約が普通で、夏季三か月は出勤する義務がないのである。余談になるが、私が高校教員のグループを引率した二度目の渡米時、ニューヨークのホテルからペンシルバニア州の研修先大学までバスを運転したのは、全米最大のバス会社グレイハウンドの制服を着た高校の化学の先生であった。無論、「研究大学」（Research University）を標榜する大学の正規教員には研究の義務があり、年度末にはその詳細を提示しなければならないだけでなく、少なくとも終身在職権取得までは、警句Publish or perish（出版するか死ぬかだ）の通りなので、無給の三か月を楽しむ余裕などないのが普通だが、実績さえ挙げていれば、拘束される期間は短く、これが年俸の低さに影響している可能性は否定できない。

さて、オクラホマ大学への回答についての三人の指導教授の忠告に戻るが、それは異口同音、すぐにオファを受けなさいであった。一番丁寧な指導を受けたS先生は、「アメリカ人は車を買い替えるように仕事を変えるんですからね、期待通りのところでなければ、よそに移ればいいんですよ」と言われた。後で気がついたことだが、最初に着任した大学が第一希望でなかった場合は、大抵の者が、着任後間もなく別の大学への応募をはじめるのである。言い換えると、六年契約というのは、大学側が仮採用者の能力適性を審査する期間の雇用を保証することであって、仮採用された者がそこに留まる義務のある契約ではないのである。

私は結局オクラホマ大学のオファを受けることにしたが、第一の理由は、職探しに時間をとられ注意力を殺がれてしまうと、論文の完成に支障が出る心配があったからである。論文は書きあげれば済むものではなく、公開の口頭試験を受け、最終審査に合格しなければならず、集中力の持続が不可欠だったからである（註七）。

オクラホマ大学に電話を入れ、チェアに、最終回答をするに先立って、引っ越し費用について尋ねた。周囲の何人かが、大学によって違うから強気で交渉するようにと勧めたからである。チェアは、うちの規定では出ないけど検討してみると言い、間もなく、他の財源から出すことに決まったので、二つ以上の業者からの見積もりを出すようにということで、本決まりとなったのである。

蛇足ながら、後に親しくなる同時に着任したスペイン語科の女性は、ミネソタからの引っ越し費用をもらっていないことがわかり、当時キャスリン・ターナーを連想せた彼女が美しい眉間に皺を寄せた表情を思い出すが（最近二十年振りに引退を知らせる長い手紙が届き、同封された家族の写真を見ると、律儀にも、本物のターナー同様肥満してしまった！）、その時は、公立の大学でこんな大っぴらな不公平（引っ越し費用は私の年俸の十%を超える金額であった）が許されるのかと、改めて日米の違いを実感したのであった。

（註一）学部名はModern Languages, Literatures and Linguistics（現代語、文学および言語学）で、各言語を学科とすると、全体では学部となり長は学部長となるが、膨大な学科を要するArts and Science（文理学部）の長との区別がつかなくなってしまうので、ここでは英語タイトルchair（チェア）を使用する

（註二）アメリカでは助教授は仮採用である。毎年業績審査があり、六年目の最終審査でテニアがもらえるかどうかが決まる。もらえれば准教授となり、希望すれば終身職に留まることができるが、不合格と決まれば、別の契約、例えばテニアのない講師などの別の契約を結ばない限り首である。

（註三）二〇二〇年平均年俸―歯科衛生士七七、〇九〇ドル、助教授六八、三九五ドル、正看護婦七六、七一〇ドル ‐ US Bureau of Statistics

（註四）学部四年、修士二年、博士四年に基づいている。私の場合「東アジア研究」の修士を一年で終えることができたのは、日本語の学習をする必要がなかったからであった。

（註五）アメリカの歯科衛生士は、歯科医院の治療室に自分の免許証を掲げmy roomと呼ぶ。日本では歯科医の助手程度にした扱われない感じだが、アメリカでは歯科助手（Dental assistant）は別にいて、歯科衛生士は専門職としての仕事以外の雑用はしない。

（註六）長女は私の赴任と同時にオクラホマ大学に入学したが、州立大学の場合、州の住民とそうでない場合の授

業料の差は大きい。州の住民であるためには入学時までに1年間以上の居住歴が必要であったが、彼女の場合は父親がファカルティということで住民扱いとなり、これは大きな助けとなった。

（註七）博士課程の全てを終了したにも拘わらず論文審査に合格しないケースはABD（All But Dissertation＝論文以外全て終了）と呼ばれ、少なくない実例を見聞してきた。

アカデミック・ジャングル

オクラホマ大学に着任して一年半が経過した一九九一年初め、私は五つの大学に応募書類を送った。三つの大学からオファをもらい、テネシー州のT大学を選んだ私は、チェアにその旨伝えた。彼は、「ディーン（註）に相談しますが、対抗するオファを出せば考慮してもらえますか（Would you consider our counter offer?）」と訊いたので、私は「勿論」と答えた。六日後に出されたカウンター・オファはT大学のそれと同額とのこと、私は、「考えます」とだけ言って帰宅した。

（註）ディーン（Dean）― 州立の総合大学（University）であるオクラホマ大学は、学部教育のcollege, 医学教育のHealth Science Center、法律家養成のlaw schoolから成る。Collegeは六〇余りの学科を含み、Japanese

など外国語はそのひとつである。このカレッジ全体を統括するのがディーンであるが、日本語にすると混乱が起きるので、ディーンをそのまま用いる。

ここで、妻の友人で大学勤務の経験のあるPさんが積極的に介入、そんなもので妥協しては駄目だ、チェアにディーンにかけあってもらうよう頼むべきと、アメリカ流交渉術の指南役となる。私は気がすすまなかっが、チェアにそう伝えると、彼は半ば予期していた態度で引き受け、三日後に、Asian Studies（「アジア研究」）という地域研究でundergraduate degree（学士号）を出す私も所属する小所帯プログラムのチェアのポジションと、それに伴う手当が追加提示された。また、同じ日に、同プログラム所属のトンプソン教授から、留任を勧める電話が入った。学部のチェアかディーンからの依頼によるものであったのは明らかだったが、日本人の奥さんをもち、野球のうまい一人息子が私のクラスの優等生である彼とは親しかったし、ざっくばらんな口調にも本気度の感じられる説得であった。

この時不審に感じたのは、長年アジア研究のチェアであるブラウンさんから何の連絡もないことであった。ドナルド・キーンやサイデンスティッカー（「源氏物語」完訳）などと同じく、海軍日本語学校で学んだ数少ない戦後日本研究者の第一グループの一人である彼は、「木戸日記」の翻訳によって瑞宝章を受賞している第一級の学者であった。私はすぐに電話を入れたが、応対がいつもと違っていたため、すぐにオフィスを訪ねた。

丁度サバティカル（夏季休暇の三か月を加えると実質九カ月の研究休暇）に入る直前であった彼は、憮然とした表情で私を迎えた。私の質問にようやく口を開いたブラウンさんによると、アジア研究のチェアのポジションが私に移ることについて、彼に事前の相談は一切なく、突然の通告であったというのである。私は驚き、かつ呆れて、すぐにこう応じた。「アジア研究のチェアに限らず、私はいかなる管理職にも全く興味がないので、すぐに断ります」

しかし、ブラウンさんは慌てて、およそ次のように言った。「いや、それは困る。この大学に日本語のプロフェッサーを確保するために長年努力してきたのはこの私だからね。ここであなたに辞められると、またインストラクターだけのプログラムに逆戻りしてしまう。私はもう長年やってきたから、喜んであなたと交代しますよ。いきなり言われたのでびっくりしたけどね。みんなあなたが来たことを喜んでいますし、協力しますから、新しい発想でアジア研究を発展させてください」

私は返事をせず、しばらく雑談した後で言った。「休暇が終わったら戻ってくると約束してくれるなら、それまで代理を務めましょう。約束してもらえますか」それに対して彼は、大きな組織の人事はそんなに簡単にはいかないよ、みたいなことを言ったが、私は、アメリカの大きな組織、それも公立のそれが、状況次第で何でもすることを、引っ越し費用の件で既に知っていたので、休暇が終わったら必ず復帰することを強引に約束させたうえで、笑顔で握手をして彼のオフィスを出たのである。

一年間のチェアの仕事が終わる一カ月前に、私はディーンに手紙を書いた。

「…ブラウン教授の業績と人脈は、アジア研究のみならず本学にとって貴重な資産であり、引き続き彼にアジア研究プログラムのリーダーシップをとってもらうのが最善であると信じます。彼との約束に基づき一年間だけ代理を務めましたが、間もなく終了しますので、氏の再任をお願いします」

ディーンからは、「あなたの真摯な助言に感謝し、ご希望を尊重します」との返事が届いた。

以下に述べるのは後日談と言うか、上記出来事の言わば背景である。少し長くなるが、比較文化の観点から語るに足ると思える複数のエピソードを含んでいるので、お付き合い願いたい。

その年の夏休み明け、新年度開始直後、親しい同僚のひとり（C.Rとする）がこんな話をしたのである。彼が所属する学科内に新しい委員会をつくる必要が生じ、まとめ役（手当はつかない）を互選するようにとチェアが指示を出した。彼等（五人）は無記名投票で選ぶことにしたのだが、結果は五票とも同じ名前が書かれていた。つまり一人が自分の名前を書いたわけで、それがほかならぬC.Rだったのである。日本文化に関心のある彼が、「日本人はこんなことはしないんだろうね」と笑いながら訊いたので、私は黙って首を横に振った（否定疑問への反応は日米で逆になることが多いが、ここでは無論、そんなことはしないの意味である）

「君ならどうする。もうアメリカが長いけど、やはりしないか」

「しないね」

「どうして」

「何と言ったらいいか、要するに、恥ずかしくてできない」

「ちょっと待ってくれ。そんなのは答えになっていない。無記名投票の目的は一番ふさわしい人を選ぶことにあって、自分を除外しなくてはならないルールはない。最適任者がだれであるか知っていながら、それが自分自身であるから投票するのが恥ずかしいなどというのは、全く理解できない。自分を含めて最適任者を選ぶことこそが、委員会の機能を最高に発揮させるたった一つの方法だからね。全員が私に投票していることからも、私の判断が正しいことがわかる。答えてくれ。君は、私の科の連中で、私よりも適任者がいると思うかね」

「いや、君が一番適任だと思う。君が言ってることは全部正しいけど、これは理屈じゃなく、文化の違いだからね。日本ではリーダーは大抵周囲から推されてなるのであって、自分から名乗り出てなるものじゃない」

C.Rはあきらめ顔で首を横に振り、言ったのである。

「コーイチ、あんたはいいやつだけど、こっちは日本人でなくてよかったよ」（Koichi, I like you, but I am glad I am not Japanese）

C.Rは私より一回り年下で性格も全く違うタイプだったのだが、どういうわけか日本に関心をもち、よく話しかけてきたために親しくなり、着任以来、わからないことや、一人で決めかねることなどがあると、大抵彼に相談していたのである。日本語の通信教育を始めたり、テキストを自分で書いたり、執筆中の二冊目の本のための助成金申請についての助言を求めたり、挙げればきりがないが、その都度彼の決まり文句は、Go for it, Koichi!（躊躇っていないで行動を起こすことをすすめる表現である）であった。競争率が高く、よほど確かな見返りが期待される企画でないかぎり獲得が難しいと評判の、日本でのリサーチ・マネー応募のときは、こんなことも言ったのである。「ここはジャングルと同じだよ。周りには腹を空かしたのがうじゃうじゃいるんだから、欲しいものは、自分でとりにいくしかないんだ」（We live in a jungle, Koichi. A lot of hungry people around us. If there is something you want, you just have to grab it）二章のスピーチの中で、「プロフェッサーがみんな紳士というわけではありませんが」と冗談を言っているのをご記憶の読者がおられるなら、あれは、彼のこのような表現を思い出して浮かんだ言葉だったのである。彼自身は、型破りではあるが、名門大学でPh.D.をとっている切れ者で、その後出世してからも、我が家に度々やってきて、一緒に飲んだ数少ない気の置けない友人であった。

前置きが長くなってしまったが、その彼が新しい委員会のリーダーの互選投票に自分の名前を書いたという話を聞いたとたんに、彼のGo for it！を思い出し、ブラウンさんが機嫌を悪くした本当の理由がわかった気がしたのである。ブラウンさんは、私が昇給交渉でアジア研究のチェアのポジションに関心があるとディーンに仄めかしたにちがいない、そう誤解したのではないか。無論私はディーンとの面談などは一切していないが、ディーンがそれを思いついてもおかしくない状況があり、私がそれに応じたと思い込んだのではないか。背景にあるのは他でもない、寄付集めの可能性である。

公・私立を問わず、アメリカでは寄付なしには存続できない組織や機関は多いが、大学もその一つであり、財源確保の手腕がないとその最高責任者の役は務まらず、大学の場合は総長（学長）が荷う。しばしば元政治家や実業家が選ばれるのはそのためである。一方、アカデミック部門のトップはプロボースト（provost）と呼ばれる。無論、学長に対する期待とは比較にならないが、他の管理職もそれぞれの立場で、大学のリサーチ、施設設備、運動部など多岐にわたる分野における公的・私的財政援助のためのアンテナを張りめぐらせているのである。

アジア研究の場合は、隔年にシンポジュームを主催しており、全国から著名な学者を含む複数のスピーカーを招聘していたので、そのためにも寄付集めは必要であった。ブラウンさんは一流の学者であったが、寄付集めは得意でなかったらしく、ある時、実らなかった寄付依頼の手紙のコピーの束を見せられたこともあった。当時はまだ日本のバブル景気が続いており、ニューヨークのロックフェラーセンターを買い占めたりする傍ら、教育研究分野、あるいは日米相互理解促進のための活動にも予算配分をしていたので、日本からの寄付はアメリカの大学にとって大きな誘惑だったのである。私は着任早々に要請を受けて、ジャパン・オクラホマ・ソサエティの副会長になっていたし、ヒューストンの総領事館や日系企業などとの人脈もできており、ディーンがこれらの情報を入手していた可能性は高く、その過程で、次に述べるエピソードも伝わっていたのではないか、そんな気もしたのである。

それは、ブラウンさんと音楽学部の教授による雅楽についての共同研究と、「世界の音楽」のビデオ教材の制作についての私の関わりであった。二人は企画書を、国際交流基金、宮内庁、奈良京都などの神社仏閣数か所に宛てて送付したのだが、国際交流基金からは支援するとの返事が届いたものの、他からは一切返事がなく、予定していた日本での夏季休暇中のリサーチを延期せざるをえなかった。翌年、企画を書き直して同じところに送付したが、やはりなしのつぶて、私に相談が持ち込まれた。私は企画書を一見するや、読み始める前に、どうしてこれを出す前に私に見せなかったのですか、と訊いた。企画書が英文だったからである。私は関係各所に国際電話を繰り返しかけて、ようやくそれぞれの場所からリサーチのための訪問許可をもらうことができた。訪日の経費はすでに国際交流基金からの援助が決まっていたので、その年のクリスマス前には、立派なビデオ教材が完成したのである。

ブラウンさんには言わなかったが、その過程で気づいたのは、アメリカ人の日本研究者による現地での研究スタイルの変遷であった。ブラウンさんがそれを始めた時代は、アメリカ人の要請はその内容や依頼の仕方に拘わらず、受けた日本人はどんな無理をしてもこれに応じた時代であった。四国の農村を研究しようとした博士課程の若い学生が、知事の公用車と運転手を提供された、といったような逸話が生まれた頃である。私は英文の企画書を見せられた瞬間に、あ、まだ昔のスタイルのままだったのだな、と気づいたのである。昔なら、大騒ぎをして英語の読める人を探して対応しようとしたにちがいないが、時代は変わっていたのである。

私は、まずその失礼を詫びることから始めて、この企画が既に国際交流基金の審査に合格して資金援助されることが決まっていることを伝え、数日後に、全ての場所から訪問予約をとることができた。ブラウンさん達は、企画書の内容自体に問題があると判断し、時間をかけて練り直したのであった。世界の標準から言えば、ブラウンさん達のやり方が正攻法であるから、これが最後の日本でのリサーチと言っているブラウンさんに向かって、改めて日本流のコネづくりや状況主義（註）を説くなどという野暮なことはしなかったのである。寄付集めが苦手である点については、ブラウンさんに劣らない私は、アジア研究のチェアに未練はなく、ブラウンさんとの友情は彼が亡くなるまで続いたのである。

（註）例えば、先着順の受け付けは普遍主義に基づく行動であるが、状況次第でその順番を変えるのが状況主義と言われる行動パタンであり、日本文化の特徴のひとつとして知られており、ライシャワーも「日本人」でふれている。

転職の可能性が昇給につながるシステム

これは日本でも起こることであろうが、違いはそれがシステム化されていることである。四つの大学を訪問して経験した転職ドラマは、全体として私にいい印象を残さず、以来試みることはなかったが、この経験を通じて私が学んだことは少なくなかった。その中からひとつだけ象徴的な事例を挙げると、緊張と混乱の最中に発せられたオクラホマ大学M教授の「おめでとう！」（Congratulations!）のひと言であった。彼はチェアを含むコミティAと呼ばれる三人グループのひとり（つまりチェアの補佐役）で、彼等の主な仕事は所属教授の業績審査とその報告であり、当然人事異動にも直接関わった。私がT大学からオファをもらった直後、コミティ相手の最初の面談のとき、開口一番私の耳に届いたのがこの祝いの言葉だったのである。出て行こうとしている大学から祝いの言葉をかけられることは予想していなかったので、一瞬驚いたが、考えてみれば、これこそ、人々がよりよい機会（a better chance）を求めて流動するアメリカ社会、そしてアメリカン・ドリームを可能にしている価値観とシステムを象徴する言葉のひとつだったのである。

それからしばらく経ったパーティの席で、当人に「おめでとう」にどのような意味が込められているか念のために訊いてみた。彼は、先ずそれが習慣的に出てくる言葉であることを認めたうえで（個人的な発言ではないということは、社会に浸透している価値観の表現であることの証言である）、およそ次のように答えたのであった。何よりも、他大学からの誘いは学部が競争力のある人材を擁している証拠である。引き止めるための昇給が大きければ大きいほど、学部の、ひいては大学の価値が上がるので、定期昇給の上昇にも繋がる。また、学内、特に所属学部における競争心を刺激し、士気を高める効果も無視できない。仮に君が出て行くような結果になった場合は、まだ来たばかりだから、無論残念なことではあるが、ファカルティの入れ替わり自体は、停滞を防ぐという意味でプラスの面も大きい。彼の話を聞きながら、私はデパートメントチェア自身が私と一緒に赴任した新人、それもオックスフォード出のイギリス人であることを思い出していた。アメリカの研究大学は、文字通り世界中から人材を募るアメリカン・システムの一部となっているのである。

普段ほとんどプライベートな話をしたことのなかったW教授は、アルコールのせいか上機嫌で、最後は、「もう一度おめでとうと言わせてもらいましょう」と言って手を差し出し、「奥さんや子どもさんもハッピーでしょうな」(I hope your wife and family are all happy now) と言った。残念ながら、昇給はわが家をハッピーにしてくれるようなものではなかったのだが、本当のことを言うわけにもいかず、笑顔でサンキュウとだけ言ったのであった。

軌道修正　カフェ「M」にて

一九八八年八月、オクラホマ大学に着任した私は、十一年間勤め、一九九九年六月、六十二歳の誕生日付けで自主退職した。アメリカには定年はなく(年齢による差別になり違法)、七十歳ぐらいまで務めるのが普通であったので、五十一歳で就職した私は、もう少し長く勤めるつもりでいたのだが、気が変わったのである。詳細については後述することになるが、基本的には日本を離れたときと同じように、残り時間のベストな使い方を考えた結果であり、違いは残り時間が少なくなっていたことであった。アメリカへ移動したときは、文字通り「人生のやり直し」であったが、今回は軌道修正とでも言うべきであろう。

後任を確保するためには、できるだけ早く退職の意思を大学に伝える必要があったので、私は一年以上前、九八年の五月にチェアにこれを伝えた。彼が、二週間後に開かれた春学期最後の定例教授会でそれを公表すると、ざわめきが起こった。ほとんどの同僚が知らなかっただけでなく、予想外のことだったからである。

勝手なコメントや質問を避けるために、会議が終わるや、そそくさと研究室（オフィス）に戻り、鞄を手に出口に向かおうとしたが、階段を降りたところで、二人の同僚につかまった。

髭面のベンが、「こんなに早く辞めるなんてひどいじゃないか！」、と肩をこづく真似をすると、長身のアルバートが、にやにやしながら、「運がいいんだよ、この若さで引退できるんだから」、と言った。部外者には意味不明の冗談が続いたあとで、ベンがようやく真顔になって訊いた。

「日本に帰るの？」

「いや、その予定はないです。ここが気に入ってるし、日本では今住んでいるような家にはとても住めないから」

ここが気に入ってる（I like it here）は、長年にわたってアメリカ人に住み心地を繰り返し訊かれてきた結果、ほとんど反射的に出てくるようになった常套句である。半ば社交儀礼ではあるが、決して虚言ではない。いくら長く住んでいようと、客人としてのマナーは欠かせない、というのが私の変わらぬ姿勢であった。

「じゃ、ここで何をするつもりかね」

「引退するんだよ。何をするつもりかはないでしょう」

「冗談じゃなく」

「実は、昔からやりたかったプロジェクトがあるのでね」

私は、いつの間にか身についたアメリカ人のやり方で、自分の腕時計を人差し指で示すジェスチャーとともに、「悪いけど、ちょっと急いでいるので、金曜日に「M」で会いましょう」、と言った。

「M」は、近くのカフェ・レストラン、週末の溜まり場のひとつである。金曜日の夜、私は、親しい仲間のひとりであるスタンレーと約束した時間に、「M」に顔を出した。スタンレーはすでに来ていて、奥まった席から手を挙げた。ベンやアルバートの姿は見えなかったが、しばらく会っていなかった別の学部のショーンが一緒だった。

「辞めるそうだけど、あんたは一体何歳ですか」

ショーンはまだ五十前のはずだが、頭の中ほどが薄いせいもあって、十歳は老けて見える。

「もうすぐ六十一です。あと十三ヶ月で六十二になるから、減額年金がもらえます」

「まだ四十代と思ってたよ」

カリフォルニアなどと違って、人口構成上、依然として白人が圧倒的多数を占める土地柄だけに、東洋人の年齢は分かりにくいのである。

「あれからもう十年経ったわけか」、とスタンレーが言った。

「そうです」

「信じられない。それにしても苦労してテニア（終身在職権）を取ったばかりじゃないか。これからが一番いい時期なのに、辞めるなんてまったく理解できないね」

既述のようにアシスタント・プロフェッサーは仮採用の身分であり、業績次第で六年後に終身在職権をもらえるかどうかが決まるのである。

「アメリカに来る前に、日本で二十年教えているからね。教員暦で言えば、君達よりはるかに長いわけですよ。引退の資格はあるでしょう」

「しかし、遅く就職した分だけ長く勤めるつもりだって言ってたじゃないか。少なくとも、ルール・オブ・エイティに達するまでいるべきだよ。年金の計算とか、ちゃんとやってもらったのかね」

ルール・オブ・エイティ（八十歳のルール）とは、勤務年数と自分の年齢の合計が八十に達すると、退職時の年金収入が減額されない仕組みと聞いていたが、最早私とは関係のなくなったその種の話に興味はなかったし、他人には説明のしにくい退職に至る心境の変化などを、週末の息抜きの場で説明する気もなかったが、心配してくれている同僚の質問に反応しないわけにはいかない。話はいつの間にか家族のことになり、結局、退職は家庭の事情ということになってしまった。

妻が日本へ再帰国（註）して以来すでに五年以上の別居が続いていたことを、少なくともスタンレーは知っていたからである。退職すれば、自由に日本に帰ることができるので状況は緩和される。そのうち妻の定年の時期に合わせて、既に失っている永住ビザの再申請をする予定、といったような話を問われるままにすることになった。私自身のアメリカでの計画が封印されていたため、話の進展に違和感はあったが、成り行きに調子を合わせたのである。

スタンレーが訊いた。

「永住ビザの再申請は時間がかかるのかね」

「配偶者の場合はアメリカに旅行者として戻ってきて、そのまま継続して住みながらビザの再申請ができるから、取得までの待ち時間はそれほど問題にはならないね」

（註）日米貿易摩擦による日本バッシングの影響で、学校で執拗ないじめにあい不登校になった息子が日本への帰国を訴えたため、妻は東京の看護学校に再就職したのであった。

ゴルフをやるらしいショーンが言った。

「日本では仕事の都合による夫婦別居が多いみたいだね。ゴルフ仲間のひとりが日本人なんだけど、単身で赴任してきている。奥さんが仕事を辞めたがらないらしい」

「日本はアメリカに比べて転職が難しいからね。たとえできても、待遇が大幅に落ちるのが普通だから、奥さんがちゃんとした仕事をもっていたら、辞めたがらないでしょう。アメリカでは、大幅昇給なんて、外に出るか、よそに行くと言って脅す以外にかちとれないんだから、全然違う」

「脅しは効かないこともあるよ。下手すると、淋しくなりますな（We are going to miss you）、なんて言われたりして」（笑）

「ブランドンの場合はどうだったの？」

「彼の場合は一応引き止められて昇給の提示があった。彼がF大に行った最大の理由は、アンジェラを一緒に雇ってくれたからだよ」

私はブランドンとは話をしたことがなかったが、つれあいのアンジェラとは、交換留学生との関わりで何度か会っていた。

「彼女はアメリカ人ですか。英語よりスペイン語の方が自然に聞こえるけど」

アンジェラと親しいスタンレーが答えた。

「アメリカ生まれだけど、スペインで育っているから、彼女のスペイン語は本物です。

スペイン語でセックスするって言ってたもの」(笑)
「旦那もスペイン語ができるとは知らなかった」
「彼女だけがしゃべるんだよ」(笑)
「M」の客は増えており、ウェイトレスは、最初のオーダーを運んできただけで、戻ってこない。
「でもまあ、コウイチが別居をやめるというのは祝うべきことだよ。正直言って、別れるんじゃないかと思っていたからね」
「別れたと思ってたんじゃないの？育子のアメリカ人の知り合いの中には、離婚してまた結婚したと思っていた人もいたらしい」(笑)
「日本の場合は離れて住んでいても、安心というわけだ。アメリカでは、亭主も女房も、独りでいると何をするかわからん」(笑)
「独りでいると何をするかわからないのは、万国共通かもしれない(笑)。違いは、たとえ何かがあっても、日本の場合は、結婚解消などということになる率が、アメリカに比べれば低いという点だろうね。アメリカで離婚が多いのは、パートナーに対する期待が高いからでね。お互いのコミットメントへの要求が、日本人に比べてずっと強い。日本の場合は、夫婦がパートナーでないのが普通で、多くの妻が、亭主は丈夫で留守がいいと思っているらしい」(笑)。同居はしていても、守備範囲が分かれていて、別行動が多いから、別居することによる実害が比較的に少ない。逆に、旦那が引退して、毎日一緒にいるようになると問題が起きる」（笑）

ショーンの同僚二人が加わり、しばらく経ったところで、私はスタンレーにだけ断って席をはずし、カウンターで自分の勘定を払うと外に出た。やや強かった風はおさまっていた。One more year（あと一年だ）、私は口の中でつぶやくと、言い知れない解放感が湧いてきて、思わず満天の星空を仰いだ。

忘れ得ぬファイル

丁度一年が経った一九九九年五月末、成績の処理など学年末の仕事を全て終えると、オフィスを明け渡すべく、この日の午後最後の作業にとりかかった。大きな物はすでに運び出していたが、教材の一部や溜った書類などが残っていたのである。二、三時間もあれば済むと思っていたのだが、捨てるものと残すものの分類に、予想をはるかに超える時間がかかった。

ひとつのファイルから教えていたクラスの写真が出てきた。名前を早く覚えるために学期始めに撮りはじめたものであったが、最近は新たな問題が生じていた。覚えたはずの名前が出てこないことがあり、頻繁に学生を指名しながらすすめる授業のスタイルを維持することが難しくなっていたのである。実は、このことは、私が退職の時期を早める決断をした動機のひとつになっていた。

日本語のクラスは、三人のアシスタントが小クラスに分かれた演習を日本語だけを使って行っており、私の役割は、週三回、三つのクラス全体をまとめての五十分の授業で、文法、語法、文化的背景などの英語による説明であったから、学生を指名する時間的余裕はほとんどなかったが、「現代日本文学」と「日本の教育と社会」のクラスでは、学生とのディスカッションが重要であったから、授業の流れの中で頻繁に呼名するスタイルが定着していたのである。試しに、順調であった頃の「日本の教育と社会」の授業の冒頭（復習部分）を再現してみよう。

「戦後、日本の教育は、アメリカの制度をモデルに、ほぼ全面的に改組されましたが、すべてがアメリカと同じになったわけではない。日本の制度で残されたものもあった。そのなかで最も重要な制度は何ですか」

答えたい学生が手を挙げるので、早い者順に名前を呼んで指名する。手が挙がらなければヒントを与えたり、関連する別の質問を先にして、最初の問いに誘導する。「高校入試です」の正答が返ってくるまでの時間がかかり過ぎる場合は、前回の授業の理解度に問題があったということであるから、その点をおさえる復習をしたあとで、次の質問に移る。

「高校入試を存続させた理由は?」

ここでは数名を指名するのが普通で、理由が出揃ったところで、「高校入試は、日本の社会に大きな影響を与え続けて今日に至っていますが、ポジティブな面とネガティブな面の両方を整理してみよう。まずポジティブな点から　…　ドリス」

学生からも質問が出るし、復習であっても追加説明などが必要になるので、実際には当然もっと入り組んだ流れになるが、ポイントは、手を挙げた学生を指名するとき、「イエス、ブライアン」というふうに、名前を呼んで発言の許可を与えることにある。一人だけが手を挙げた場合は、「イエス」だけでも間に合うが、名前が入ることにより、学生との結びつき（rapport）が演出されるのである。このラポートが、アメリカでいかに重要かつ習慣化されているかは、たとえば、テレビのインタヴューなどで、ゲストが繰り返しアナウンサーの名前を呼び続ける場面を思い出していただけると有難い。

石坂洋次郎の「若い人」に、ミッション系女学校のアメリカ人校長ミス・ケートという人物が出てくるが、以下は、この人が修学旅行から帰ってきた生徒を駅に出迎える場面である。

「矢田さん、なお子さん、ヒデ子さん、吉岡さん、私約束守りました。貴女がたを迎えに来ました。石井さん、田代さん…」

ミス・ケートは集い寄る生徒の群れを片端から名を呼んで握手を交わし、いささかも倦怠の色を示さなかった。

私は、この長編小説を七十年以上前に読んでいるはずだが、ミス・ケートが全校生徒の名前を覚えていて、だれも太刀打ちできないというところを覚えているのは、自分も高校の教師になりたいという希望を持っていたからである。明らかに著者は、ミス・ケートを例外的な教師として扱っているが、アメリカでは普通のことなのである。

二、三年前に教えた学生が、スーパーなどで、「プロフェッサー・ミウラ」、と声をかけて傍を通りすぎる。おはようもこんにちはも要らない、名前を呼ぶのがあいさつなのであり、その頻度が極めて高いのはテレビのニュースや映画などでお気づきの方もおられよう。パーティではじめて会った他学部の新人教授が、私のファースト・ネームを怪しげな発音で呼んで、廊下をすれ違う。これらに、相手の名前を呼び返して応じることができないことがわかったとき、大袈裟に聞こえるかもしれないが、ユニバーシティ・コミュニティのメンバーとして機能していない感じさえしたのである。

アメリカ人の学生達は、写真を撮るときは大抵笑顔になるため、見直すときは思わずず頬が緩むのだが、日本の大学では考えられない顔ぶれの多様さに改めて驚く。日本語のアシスタント・インストラクターに繰り返しデートを申し込んで断られ、なお平然としていた早期引退を決めた五十代のディロン、学期途中で突然「戦争に行きます」と言って湾岸戦争に出征した予備役のフォーレスト、元海軍にいた二児の母親で職業軍人の主人を戦地に送り出したばかりのときにクラスに入ってきたハナ、ジャパン・バッシングの最中、護身の重要性を説いた後で、私を射撃練習場に連れて行き拳銃とライフルの使い方を丁寧に教えてくれたドレイク、六年かけてようやく卒業したが、途中精神のバランスを崩し、泣きながら自殺したいと電話をかけてきたエリック、高いＩＱの持ち主でありながら早起きが苦手で朝八時からのクラスに間に合わない日が重なり、何度か電話をかけて起こさなければならなかったニック、同僚の一人がa rising star（希望の星）と呼んだ深南部出身の才色兼備ニコール、まさに州立大学ならではのバラエティ、いずれも忘れ得ぬ顔ぶれであるが、実は、最も忘れられないのは、個人ではなく、落ちこぼれ集団である。

日本語の初級クラスでは最初の学期におよそ三分の一が落ちこぼれた。「初級日本語」は、演習を中心にしたスキル・デベロップメントのコースであるから、いくら頭がよくても、欠席が多かったり、やるべき作業をしなければ、基礎技能は身につかないので、成果の記録は残らず、結局最低の合格ラインに届かないまま終わってしまうことになるのである。従って私は、最初のオリエンテーションで、およそ次のような話をすることにしていた。

「このクラスでは、最初の学期に三分の一ぐらいが途中で来なくなるか、D以下の成績になります。厳しすぎると感じる人は、同じくおよそ三分の一がAをとると言ったら、どう感じるでしょうか。ついでながら、私は、『現代日本文学』、『日本の教育と社会』というコースも教えていますが、これは、どちらも落こぼれはほとんどありません。なぜ『初級日本語』でそんなに落ちこぼれが出るかと言えば、これが、技能習得のコースだからです。スキルは練習しないと身につかない。運転を習ったり、水泳を習ったりするのと同じです。いくら頭がよくても、練習しない限り泳げるようにはなれないのと同じで、日本語の訓練を毎日真面目にやらないと、及第の目安とされるスキルは身につかないから、結局、落第することになってしまう」

ある学期の終わり、成績処理が終わって一息ついたとき、アシスタントのひとりが、落第生リストを見ながら、「勉強のコツが全然わかっていないんですよねぇ、日本の受験生だったら、目をつむっていてもできるようなテスト対策ができないんだから」、と言ったことがある。アメリカの大学生はよく勉強すると言われるが、正確には、勉強させられるのである。もともとアメリカの高校生活は、大部分の学生達にとって、大学を目指して勉強に励むというより、親の庇護と干渉から逃れて、デート、車、スポーツなどを楽しむ時期なので、予習復習をしないと落ちこぼれる大学生活への移行は容易ではないのである

満身創痍

クラス写真を年度順にファイルに戻していた私の頭に、突然、heavy casualtiesという言葉が浮かんだ。戦場などにおける「死傷者多数」の意味である。四年前、インディアナ大学のK教授と交わしたやりとりを思い出したからである。この大学で毎夏開かれる東アジア言語夏季集中プログラムの日本語学校の「校長」を三年間勤めた私は、この年の夏も着任したばかりであった。打ち合せ会を兼ねた昼食が済んでレストランを出るとき、引き受け側大学の代表としてきていたK教授が、その年はじめて中国語学校の校長となったG大学の若い教授（女性）に向って、「グッドラック」と言ったのである。私が、「私の方はどうなるんですか。私だって幸運は要りますよ」と言うと、K教授は笑いながら、「あなたは大ベテラン（もともと軍隊用語である）だからね。全身に負傷の跡があるじゃないですか」（You have scars all over）と応じたのを

思い出したのである。オクラホマ大学における十一年間、私はしばしば学生達と衝突し、格闘した。そして、大儀はこちらにあったにせよ、結果的に彼らを傷つけ、首を切った。修羅場をくぐるなかで、当然、自らも満身創痍とならざるをえなかったのである。

今にして想うと、このような環境の厳しさは私にとって幸いなことであった。私の中に残っていた教師としての情熱（と言えば聞こえがいいが、それは自己評価を誤った、幻想に近いものであった気もする）の息の根を止め、手遅れになる寸前に、最後の方向転換をさせてくれたからである。

＊

「こんなに遅くまで何やってるの」、と、廊下を通りかかった若い同僚のジムが、半開きのドアから覗きこんだ。上機嫌な感じがするのは、「M」からの帰りか。アメリカ人のほとんどがアルコールが入っても顔色が変わらないので、素面かどうかわからないことが多い。いつの間にか、外は暗くなっていた。

「フランクが、このオフィスを使うことになっているんだけど、ゆっくりでいいよって、一日おきにやってきて言うんだよ」

「ハハハ、ここの方が少し広いからね、待てないんですよ」

ジムは、ちらかって足の踏み場もなくなった部屋に入ってきた。

「箱が足りなければ、確か、コピー紙の空箱が事務室の隣りの部屋にありましたよ。捨てるものをゴミ置き場まで運びましょうか」

「本当かね、じゃ、この二つを出してもらえるかな。あとは何とかなるから」

私は、クラス写真のファイルを、意を決したかのように、捨てる書類の山の上に置いて、あぐらをかいていた椅子から立ちあがった。

第六章　アメリカの背面

日本より不自由なアメリカ

筆者がスピーチのタイトルに使用した「和」は、日本文化を象徴する言葉として日本研究家の間で定着している。アメリカの場合はどうか。何といっても自由と平等であろう。これらこそアメリカン・ドリームを支える要諦とされているからである。ところがものごとには両面があり、和も自由も平等も例外ではないのである。スピーチではもっぱら「和」の「影」の部分を指摘し、アメリカの自由と平等についてはその素晴らしさのみ強調した。本章はその逆、アメリカの自由と平等が必ずしも看板通りのものでなく、深刻な問題と表裏一体であることを指摘しているのである。

先ず、日本には存在しないアメリカ社会の身近な不自由の実例から挙げることにする。一九七八年、初めて渡米したときのことである。ニューヨークに到着した翌日、ホテルの近くの店でビールを買おうとしたが、日曜の午前中は販売できないことがわかった。マンハッタンの街頭で、白昼麻薬の取引が行われていると聞いていただけに、驚くかわりに呆れてしまったが、この呆れる場面は繰り返しやってきた。六年後にアメリカに移り住み、スーパーでビールを買おうとすると、四十歳を過ぎた私に向かってID（身分証明書）を見せろと言う。「冗談でしょう」と言うと、レジの男性は、両手を揃えて突き出し、手錠をかけられるジェスチャーをしたのである。アメリカでは警察官が必要と判断すれば手錠をかけてもよいことになっているので、これは日常的に行われることである。折しも飲酒年齢が二十一歳に引き上げられた直後だったため（註）、大学町イサカでは違反が続出、バーの経営者が手錠をかけられて連行される場面がテレビで見られたのである。

（註）アメリカの法的飲酒年齢（Legal drinking age）は州によって、十八、十九、二十一歳の違いがあったが、一九八四年、若年層の飲酒運転による交通事故数を減少させる目的で連邦政府によって二十一歳に統一されたのである。選挙権や兵役開始年齢が十八歳であることもあって反対の空気は強かったが、連邦政府は従わない州には予算配分を制限するなどの強硬策をとってこれの維持にこだわった。ひとつには、一九三〇年に禁酒法解除後の飲酒年齢が二十一歳だったことも影響した年齢設定であった。

それから四十年近くが経ったコロナ・パンデミックの最中、私達はケンタッキーに住んでいるが、スーパーから食料品が届けられたある日、いつもすぐに姿を消す配達人が帰ろうとしないので、チップを忘れたのかと思ったが、さにあらず、IDの写真を記録しなければならないと言う。食料の中にビールが入っていたのである。私はOf course（「あ、そうだったね」）と言いながら、内心、Is this crazy, or what?（「正気かいな、この国は」）とぼやいていた。

一九八三年に戻って思い出すのは、コーネル大学の女子学生達による「女性が夜一人で歩く自由を要求する」デモ行進である。人口三万余りの大学町イサカ、日本では決して見ることのできない美しいキャンパスでの理解不能の出来事に驚き、どういうことかと調べてみると、イギリスで始まったこの運動は、このとき既に全米に広がっていたのである。

当然、五年後に赴任したオクラホマ大学でも同じようなデモが行われていた。その日のニュースの映像には、顔なじみの女性プロフェッサーが登場、「夜キャンパスを歩いていて、安全を確認するために度々後ろを振り返らなければならない。そのこと自体が暴力の被害を受けていることなのです」などと訴えていたのである。

日本の警察と社会秩序について優れた本を書いた社会学者ディヴィッド・ベイリー氏は次の

ように書いている（註）

「（日米の）生活の質の違いは、統計に頼らなくても住んでみればすぐにわかる。日本のストリートは安全である。日本に住み始めたアメリカ人は、まもなく恐怖から解放された自由を経験することになる。恐れることを忘れてしまうのである」（翻訳は筆者）

これは私に日本でモルモン教の布教をしていた若い白人女性の言葉を思い出させた。「日本の道路はとても狭くて建物が続いているから、物陰から急にだれかが出てきて襲われたら逃げられないような気がして、しばらく夜は外に出られなかったわ。そのうち大丈夫だってわかったけどね」

（註）David H. Bayley, Forces of Order University of California Press, 一九七六。

次に挙げる不自由は人工妊娠中絶に関わることであるが、二つの点についてご理解をいただかねばならない。一つは、ここで宗教や倫理の問題を介入させると議論ができなくなるため、自由の有無に絞って比較せねばならないこと、もう一つは、アメリカでは州によって法律が異なること、以上の二点である。

アメリカで人工妊娠中絶が合法化されたのは、女性の権利を認める最高裁の歴史的判決が出た一九七三年であったが、その自由度は州によって大きく異なり、賛否は文字通り国を二分してきたのである。その分裂は二〇二二年のもう一つの歴史的最高裁判決により決定的に深まった。中絶の可否が各州の判断に委ねられることになったからである。現時点（二〇二三年三月八日）で中絶ができない州は一二、見通しとしては全米五〇州の半数で事実上不可能となると言われている。

ポリティカル・コレクトネスの影響による不自由の度合いもひどく、その程度は年々加速している。二章の筆者のスピーチのジョークの殆どがすでに危険域にあり、今ではたとえ保守層と判断した聴衆相手であっても、あのような話はできない。日本もアメリカに追随しつつあるが、大きな違いは、冗談やユーモアが両社会に占める役割・重要度の違いである。アメリカではジョークやユーモアは、世の中の権威を相対化する働きをしており、それは民主主義を機能させる土壌になっていたのであるが、今や、悪意のないひと言で全てを失ってしまう現実と恐れから、プライベートな場を除き、だれも本音を言わない国になっており、これは建国の土台の半分を事実上失ってしまったに等しく、少年時代から自由の国アメリカの信奉者であった筆者の嘆きは深い。

不平等なアメリカ

ようやくアメリカの「平等」について書く順番になったところであるが、書く用意ができたと言えないのは、アメリカの「平等」は、自由と並ぶ国の支柱であるにも拘わらず、その中身たるや到底一章や二章の枚数で整理できるものではないからである。

かくなるうえは、その混沌を言わば逆手にとって、わがオクラホマ大学（以下OUとする）における、とてつもない「不平等」の話から始めようとしているからである。不平等が括弧つきなのは、アメリカ人は同じことを不平等とは思わない可能性があるからである。ここでOUを取り上げるのは、当然ながら実情をよく知っていることに加えて、俎上に載せるアメリカンフットボールチームについては、全米制覇七回を誇る有数の伝統校であり、コーチの年収が全米トップの域に達しているからである。評判の高いコーチの昇給は、よそからの引き抜きを避けるためにもっぱら大学側から自発的に提示されるのが普通で、状況次第では同じ年度内に複数回におよぶこともある。その結果、ヘッドコーチの年収が教授の平均サラリーの百倍といったことが起きるのである。

筆者がその見識を評価しているスポーツ・コラムニストのBerry Tramel氏（以下コラムニ

ストTとする）は、「教授のサラリーの十倍ぐらいまでは何とか容認できるが、百倍というのはどう考えても常軌を逸している」と慨嘆しているが、それ以上の発言をしていないのは、スポーツ業界に精通した専門家として、打つ手がないことを知っているからであろう。一方、教授の年収の十倍ぐらいまでを許容しているのは、成績が期待通りでなければ、情け容赦なく首になるコーチの身分の不安定さが勘案されていると推察できる。

それにしても、コーチに対するこのような巨額報酬の財源は何かと言えば、放映権、寄付、入場料が三大財源である。ESPN 及びFOX SPORTSの放映権料だけで年額二〇億円以上が入る。寄付については、スタジアムの正式名称に使用されている家族が五〇億円を超える寄付をしていることを挙げておくが、既述のように、アメリカの高等教育は寄付なしには存続不可能なのである。入場料については、二〇二一年オリンピックの主会場となった日本最大の国立競技場の観客席八万席を上回る八万六千席を擁するスタジアムが、ここ二〇年以上チケットの完売を続けているのである。

ところが、本章執筆の最中、百戦練磨のコラムニストTさえ驚かせる出来事が起こった。ヘッドコーチLincoln Riley（以下コーチRとする）が突然、深夜の空港からプライベート・ジェットで、家族と腹心の部下らしき数名と共に、カリフォルニアに向けて飛び立ったのである。南カリフォルニア大学（University of Southern California、以下、南加大とする）のヘッドコーチを引き受けたからである。実は彼は、ルイジアナ州立大学からも声がかかっており、これについては情報が洩れ、メディアから真偽を問われた彼は、ルイジアナに移る意志のないことを明言していたのであるが、その直後にカリフォルニアに向けて飛び立ったのである。明らかに南加大とは極秘のうちに交渉が行われていたのであり、レギュラーシーズン終了直後、ポストシーズンのゲームや、新人生のリクルート関連行事などを直近に控えたタイミングでのヘッドコーチの辞職が、OUに与える損害予測は深刻で、OUやファンの理解を得ることは不可能な状況であったから、一方的に辞表を提出して「夜逃げ」に近い脱出をしたのである。

私立である南加大には公立機関に要求される情報公開の義務がないため、コーチRの報酬の詳細はわからないが、全米大学のコーチの中でここ数年間不動の首位を占めているアラバマ大のコーチ（Nick Saban、以下コーチSとする）の報酬（この時点で一〇億円を超えていた）に匹敵する待遇になるのは確実であった。というのは、先にコーチRが断ったルイジアナ州立大が、ノートルダム大のコーチ（Brian Kelly、以下コーチKとする）を年俸十億円超の十年契約で引き抜いていたからである。かくて、コーチRは若干三十八歳にして業界トップの仲間入りをしたのである。

コラムニストTは、このような巨額の報酬を伴う招聘に惹かれてなり振り構わず移動するコーチ達をフランケンシュタインと呼んでいる。フランケンシュタインは、作家によってつくられたモンスターであり、その存在と行為は怪物を創り出した作家の責任であって、モンスター自身の責任ではありえない。同様に、これらコーチの行いは彼等自身の責任ではなく、彼等にそのような行為をさせる環境をつくった我々にある、そう言っているのである。「我々」がアメリカ社会そのものを指しているのは明白であるが、彼は社会学者ではないので、その領域に立ち入ることは避け、あくまでもスポーツ・コラムニストの立場から、このようなコーチ達の振舞いが、教育の場におけるスポーツマンシップに与えるダメージを指摘するに止めているのである。

筆者はT氏とは立場を異にする上に、日米比較を仕事にしてきた物書きであるから、アメリカ社会がいかにして彼の言うモンスターを生みだすのかについて書かなければならない。手始めに、そのような社会の特徴をひと言で表現していると私が信じる映画の場面をご紹介したい。Wall Street（「ウォール街」一九八七）で、若手投資家のバッド（Charlie Sheen）が、ひたすら蓄財に走り続ける大物投資家ゴードン・ゲッコー（Michael Douglas）に向かって、その動機を問う場面である。

Bud Fox: How much is enough?　一体いくら稼げば十分なんですか。

Gordon Gekko: It's not a question of enough, pal. It's a zero-sum game, somebody wins, somebody loses. 十分かどうかの問題じゃないんだ。ゼロサムゲーム（註）なんだよ。勝つか

負けるかの問題なんだ。

すでに十分すぎる収入のあったOUやノートルダム大のコーチが、あれだけの非難を受ける行動を敢えてとらなければならなかった理由、それは彼等がアラバマ大のSコーチに到底およばない位置にいたからである。無論、他の理由もあったに違いないが、業界最高額のオファなしに、彼等があのような決断をした可能性は考えられないのである。重要なのは金額そのものではなく、それが業界における最高額であったこと、つまり業界最高位の勝者の一人になることの誘惑に勝てなかったのである。

アメリカ人がいかに勝ちにこだわるかの傍証のひとつが、スポーツにおける引き分けゲームの欠落であろう。このことについて私が学生達と話をした回数は少なくないが、記憶に残るのは、一九九五年、OU対テキサス大の伝統ゲームを引き分けたときの教室でのやりとりである。

（註）zero-sum game: 利益の合計から損失の合計を引くとゼロになること。たとえば、四人がポーカーゲームをして二人が合わせて一万ドル損をし、他の二人が合わせて一万ドル得をした場合、儲けから損を引くとゼロとなる。

フットボールはきわめて危険なスポーツであり、学生のゲームに限って長年引き分けのルールがあったのだが、評判が悪く、翌九六年のルール改正により、タイ・ゲームがなくなったため、これは最後の引き分けゲームだったのである。次週の私のクラスでのディスカッションの一部を連載中の記事（註）に書いたことがあるので、その要約をご紹介したい。

（註）月刊日本語 一九九六年 一月号、アルク

「先週の引き分けゲームについて面白い記事を見つけたので、コメントを聞きたいと思って、新聞を二つもってきました。要するに、引き分けなんか我慢できないと言っているんだけど、みなさんはどうですか」

Absolutely「全く同感です」などの声があがる。

「いろいろ書いてあるので、少し紹介してみましょう。まず、The Norman Transcript ですが、見出しが『引き分けにみんなが不満』（Everybody is unhappy with a tie）、『勝者はなし、全員が敗者だ』（No one won. Everyone lost）などと書いてある。こういう反応というか解釈を、私などはとても面白いと思いましたね。特に、オクラホマ大学の方が前半は大きく負けていたでしょう。だから、タイで終わってよかったじゃないか、というような人がいてもよさそうな気がするんだけど、だれもそんな風には考えないようですね」

「そんなのはナンセンスです」

「先日、日米のプロ野球の違いについて書いた本（註）を紹介しましたけど、あの本にも引き分け試合のことが書かれています。アメリカのメジャーリーグでは、勝負がつくまで延長戦を

するので、朝四時までゲームが続いたという記録もある。当然、日本のチームにいるアメリカ人選手たちは、引き分け試合が大嫌いです。チャーリー・マニエルという選手は、引き分け制度について聞かれて、ちょっと品が悪くなるけど、『前戯だけのセックスみたいだ』なんて答えたと、あの本には書いてあります。これは、The Oklahoma Daily ですが、『三時間もかけて、完璧な準備をして、完璧な料理をつくったのに、その料理を結局食べることができず、おいしかったかどうかわからなかった、なんていう状況を想像してみなさい』と書いてある」

（註）玉木正之／ロバート・ホワイティン著『ベースボールと野球道』講談社現代新書）一九九一

この後、日本に住んだことのある学生から、プロ野球の中継放送がゲーム終了前に終わる話が出された。日本人はどうしてあんなことが我慢できるのかというわけである。アメリカではそのようなことはなく、当然、次に予定されていた番組の一部は見られなくなるが、それは観戦中のゲームの完結が見られない問題に比べれば取るに足らないことなのである。

さて、平等を標榜する社会におけるこのように極端な不平等をどう説明するかであるが、これに対するアメリカ人の答えは、平等は競争する機会（opportunity）の平等であり、競争の結果（outcome）としての平等ではない、これである。言い換えると、競争が公正に行われるかぎり、その結果である業績に基づく報酬に差が出るのは当然とする考えであり、このような考えを正当化するのが、アメリカ人が好むfairness（公正さ）であるが、問題は何をもってフェアとするのか、その基準である。

アメリカのプロスポーツにはサラリー・キャップがあるではないかと思われる読者がおられるかもしれないが、その理由は、社会的不公平などを非とするものではなく、あくまでもビジネスが必要とするルールなのである。たとえば、財力豊かなチームに能力の高い選手が集まり、チーム間の力に大きな差がでると、競争が阻害されゲームが一方的になり（つまりファン離れが起き）、財力に劣るチームの存続が危なくなるだけでなく、結局プロリーグそのものが生き残れないからである。

大学のスポーツチームの場合はそのような心配がない結果、チーム間の力の差は大きいが、二つの方法で問題が対処されている。一つは大学の規模や競争力などによりⅠ部Ⅱ部などに分け、さらに地域や大学の特徴などによりリーグやコンファレンスを形成、大部分のゲームをその中で行う方法である。

平等はその根拠となる客観的な事実を前提とするが、公正は主観的判断であり、何をもってフェアとするかについては客観的な基準がないのである。従って、アメリカの日常会話には、相手の意向を尋ねたり、諒解を求めたりする表現として、(Is it) fair enough?（これでいいかな?）や、訊かれなくても自発的に相手の主張を認めるFair enough（わかったよ／まあ、いいでしょう）などが頻繁に出てくる。これらは概ね大人のまともなやりとりであるが、何しろ主観だから、子ども（あるいはこどもレベルの大人）が、気に入らない大人のルールや発言について、That's not fair（フェアじゃないよ）と言って、不満を述べることもよくある。

ご紹介した筆者の学生の成績についての不満などは、後者の類である。コラムニストTがOUフットボールコーチの年収について、教授のそれの十倍ぐらいまでは何とか理解できるとしたのは、それなりの見識に基づくものであったが、彼の主観である点においては同じである。百倍あるいはそれ以上も当然とする向きも少数でないのは明らかだし、逆に、あまりオープンには発言されないが、教授のそれを上回ること自体が異常との見方も当然あって、その揺れ幅は単一文化日本で予想されるそれの比ではない。

日米両国で活動したノーベル賞受賞者二人の功績と報酬をめぐっての日本での訴訟騒ぎは、

正にその違いの大きさを示す実例だが、とりわけ、青色ＬＥＤ開発者中村修二氏の場合は、第一審で二〇〇億円という巨額の判決があった後で、高等裁判所が和解を提案、最終決着が八億四〇〇〇万円となった。それに対して中村氏が著書まで出し、「日本の司法は腐っている」と言ったため、東京高等裁判所が異例の「見解」を出すに至った。

一連の出来事は、日米における組織内における個人の業績評価や、個人所得についての社会規範・常識感覚の違いの大きさを露わにする恰好の事例であった。

アメリカは、日本流の「常識を超えた」個人所得に対する抵抗が希薄というか、むしろ肯定する傾向のある社会である。インターネット上に、各界の成功者の家屋敷や自家用ジェット機などの（内部を含む）写真と価格が繰り返し出てくるのは、そのことを裏付けている。アメリカは年功序列が事実上存在しない社会であるから、代わってドル表示された資産額が注意を惹き一般化するのである。そして、披露に値するだけの富を手にした人達は、アメリカンドリーム実現者のシンボルとして注目され、かつ目標とされるのである。

翻って、アメリカ全体を見渡すとどのような風景が見えてくるか。ホームレス人口五八〇、四六六（US Census Bureau）、日本のそれは三、八二四（厚生省）。健康保険をもたない人口が二、八〇〇万。医療費が払えず破産宣告した家族七五、一四六（破産総数の六六・五%）。トップ一%の富裕層の純資産はアメリカ全体の純資産の三割を占める。アメリカ全世帯純資産は一九八九年以降名目で増え続け、四倍以上になっているが、その増加分はすべてトップ層のものとなっており、残りは増加ゼロに等しい（FRB連邦準備制度理事会）。

アメリカの司法と格差社会下での公正と正義

アメリカ流の公正が社会格差を拡大しているのなら、万人のための正義（justice）を目標にしているはずの司法はどうか。実は、司法も当てにできないのだが、筆者はこれに気づくのに、十年近くかかった。きっかけとなったのは、勤め先での学内裁判との関りであった。お話しする前に二つの点についてお断りしておきたい。本書で取り挙げている個々の事例は、個人の問題の追及などではなく、あくまでもアメリカ社会分析の手段であること。もう一点は、これは筆者にとっては初めての経験であり、筆致はそのときの気持をそのまま表現したものになっているため、当該学生、その家族、弁護士などについて否定的な印象を与えるかもしれないが、これは平均的日本人の感覚と常識のまま、つまり大方の読者との共通感覚でこの出来事を再現しようとしたためである。現在の私は、アメリカで暮らす以上、必要に応じて役に立ってくれる弁護士を選択すること（これが難しい！）は最も重要なことのひとつと心得ている。

不正行為審問委員会

この審問委員会は、学生が不正行為を摘発され、これを否認した場合に開かれることになっていて、教授三名と学生二名による構成である（学生の処分に関わる決議機関への学生参加はアメリカでは普通のことである）。委員の一人であった筆者は、前もって送られてきた資料を読み、納得がいかなかった。課題論文の一部に百科事典の丸写しを使ったPlagiarism（剽窃）の嫌疑で、証拠がはっきりしていて、否認のしようがないと思ったからである。

女子学生には、父親と弁護士が付き添っていた。不正行為を摘発したF教授も含めて関係者が揃ったところで、父親が退席し、秘書がテープレコーダーをセットすると、審問会が始まった。まず、不正行為を摘発したF教授がその経緯を説明、審問委員との間に質疑応答が行われた。歴然とした証拠があるため、F教授の態度には余裕があった。次に学生に発言の機会が与えられた。驚いたことに、彼女は無罪を主張した。勉強に追われて、両親に論文作成の手伝いを頼んだところ、父親が資料を送ってくれた。それを利用したが、その中に百科事典からの引用があったことは知らなかったというのである。

これほどあけすけな嘘を聞くのは久しぶりであったから、恥ずかしいという感覚はないのかと呆れてしまったが、次の瞬間、それが十分計算された嘘であることに気づいた。いかに見え透いた嘘であっても、学生はこの嘘を繰り返してさえいれば、とにかく剽窃という不正行為に対して無罪を主張することができたからである。そうすれば、少なくとも処罰・制裁が減じられる可能性が残る。一方、いったん自ら有罪を認めてしまえば、学則や過去の事例などに則って行われる処罰から逃れることはできなかったからである。しかし、私の判断がいかに甘かったかが、間もなくわかった。

審問が終わると、委員以外の関係者すべてが退席、処罰をめぐって審問委員だけによる審議が始まった。オクラホマ大学における学内処分は、(イ）譴責、(ロ）記録に残らない停学、(ハ）記録に残る停学、(ニ）退学の四種類である。議論は、(ロ）と（ハ）のいずれが妥当かという点にしぼられた。(ロ)は、停学処分は一時的に記録されるが、卒業すればそれが抹消される、(ニ)は、処分の記録が永久に残るとなっている。両処罰に大きな違いがあるのは言うまでもない。そして、その違いを分けるのは、学則によると、本人に不正行為の明白な意図があったかどうかにかかっているのである。私は、その部分が目に入るや、頭を殴られたような衝撃を受けた。弁護士が、この条文に着目して対策を立てたのは明らかだったからである。いや、弁護士にとっては、対策と呼ぶほど大袈裟なものではなく、日常茶飯的な対応であったに違いない。私はそれに気づくと、ほとんど笑いたくなった。そして、自分のナイーブさに呆れ、長い時間をかけて不正行為の証拠を探したF教授とアシスタントに同情した。

不正行為審問委員会は、無論、軽いほうの処罰を推薦せざるをえなかった。彼女に不正行為の明白な意図があったことを証明することは不可能だったからである。

二つの「真実」

筆者がアメリカの司法界に二つの真実があることに気づいたのは、それから間もなくのことであった。私は若い頃からの夢であったアメリカ映画の比較文化的探訪をライフワークにしており、それは大学を早期退職した主な理由でもあったのだが、候補に挙げている百本近い映画の中に、法廷における真実が一般の真実といかに異なるかが明らかにされている作品が何本もあることを思い出したのである。

例えば、リンドバーグ家の幼児誘拐殺人事件を扱ったテレビ映画の名作Crime of the Century（「クライム・オブ・ザ・センチュリー」一九九六）には、弁護士が容疑者のひとりとされるハウプトマンの妻アナと交わす次の会話がある。ハウプトマンの容疑は、フィッシュという相棒と共謀して幼児を誘拐して殺害、身代金を受け取ったというものだが、ハウプトマンは、友人であるフィッシュから中身のはっきりしない靴箱を預かっただけと主張、ところが、フィッシュ自身はドイツに帰国したままアメリカには戻らず、その後亡くなってしまったため、結局、自宅から身代金の一部が発見されたハウプトマンだけが裁きを受けることになったのである。以下のシーンは、弁護士がアナに対して、夫が身代金とは知らないでフィッシュから靴箱を受け取ったことの傍証となり得る法廷での証言を要請しているところである。

弁護士：ご主人は、金はフィッシュという男から受け取ったと言っています。茶色の包み紙で包まれて靴箱に入っており、彼はそれを台所の戸棚にしまっていたと。

アナ　：そうです。

弁護士：そうですとおっしゃいましたが、どうしてそのことをご存知なんですか。

アナ　：主人がそう言いましたから。

弁護士：ご自分の目でご覧になったのではないのですか。ご主人がその包みを受け取って戸棚に入れるのを見たわけではないということですか。

アナ　：そうです。

弁護士：検察は、ご主人が嘘をついていると言いますよ。ご主人の言うことは信用できないとね。
アナ　：でも、私は信用していますわ。有罪が証明されるまでは無罪なんじゃありませんか。
弁護士：ご主人があの靴箱を受け取るのを見たとおっしゃってくだされば、裁判で有利になる、こう申し上げたらどうでしょう。
アナ　：でも、私は見ておりません。
弁護士：わかっています。わかっていますが、でも、ご覧になったかもしれないじゃありませんか。ご覧になったとおっしゃったらどうですか。
アナ　：嘘を言うようにと、そうおっしゃるんですか。
弁護士：どうご説明したらいいかな。今お話ししているのは、「法的真実」についてなんです。普通の真実に対して、法律上の真実というものがあるんです。そして、この二つの真実は決して同じではないんです。普通の真実は、要するに本当のことですが、法的真実は、法廷で証明されなければなりません。普通の真実を法的真実に変えるためには、しかるべき方法を見つけなければならない。それは、嘘をつくことではなく、より説得力のある真実に変えることなんです。お分かりですか。
アナ　：わかりません。

弁護士：奥さん、ご主人は、殺人罪で裁判を受けておられる。有罪になれば電気椅子が待っているんです。奥さんからのあらゆる援助が必要です。

これは明らかに、弁護士による偽証のすすめである。ところが、弁護士にとっては、これは偽証ではないのである。なぜなら、法廷で証明されない真実が真実でないのと同様、法廷で証明できない嘘は嘘ではなく、不正審問委員会での女子学生の申し立てと同じく、偽証にはならないというわけである。

次の例は、Reversal of Fortune（「運命の逆転」一九九〇）から、前作同様実話に基づく秀作だが、時代が新しく、登場する弁護士は全米で最も著名と言っても過言でないハーバード大学教授のアラン・ダーショウイッツ（演じるのはRon Silver）、被害者サニー（Glenn Close）は大富豪の女相続人で、元貴族のクラウス・ヴォン・ビュロー（Jeremy Irons - アカデミー主演男優賞受賞）と再婚するがうまくいかず、不摂生な暮らしも影響して、低血糖症で二度昏睡状態となり、二度目は覚醒せず、二十八年間植物状態のまま、二〇〇八年、七十六歳で亡くなる。二度目の昏睡が夫クラウスの仕業であるとの家族からの訴えで有罪判決を受けたクラウスは、ダーショウイッツに助けを求める。本作で筆者が最も注目したのは、次の二つのシークエンスである。先ず初対面での次のやりとりから。

クラウス：有罪を決めこむ前に、私の話を聞いてくれませんか。

ダーショウイッツ：だめです。容疑者に説明させるのは厳禁なんでね。大抵彼らを困らせることになるから。

クラウス：どういう意味ですか。

ダーショウイッツ：嘘をつかせることになるからね。

二度目の面談では、「あなたのストーリーは聞きたくないけど、情報は必要だから」、ということで、客観的な質問をするのだが、クラウスはどうしても自分の言い分を話そうとする。それをさえぎって、教授は言うのである。

Can I explain something to you? The less I know from you, the more options I have.（申し上げておきますがね、あなたから聞く話の量が少ないほど、私の選択肢は多くなるんですよ）

ダーショウイッツはクラウスの有罪を確信しながら弁護を引き受けているのであるから（息子からずばりクラウスが殺したのかと訊かれ、「やってるね」と答えるシーンがある）、彼の弁論が事件の真相と無縁な、ひとえに勝つための手段からの選択であることが明らかにされている。

ダーショウイッツ教授によると、彼が有罪と思われるクラウスの弁護を決めた理由は二つ、どんな人間にも弁護を受ける権利があること、もう一つは、被害者サニーの家族が、その経済力を利用してクラウスに不利な情報を捜査当局に提供している疑いがあり、これに対抗して司法の中立を保つため、となっている。そのために彼は、再審に備えて、自分の学生を含む大弁護団を組織、事件の徹底調査、とりわけ、一審における原告側の主張に基づく捜査・検察当局による主張の問題点となる証拠を追求するのである。その費用だけで巨額になるが、加えて、教授は死刑になる恐れ濃厚であった黒人二人の再審の費用もクラウスに負担させる条件で、彼の弁護を引き受けており、総額は史上稀な額になっていたのである。ここで明らかになるのは、法廷闘争における金の威力である。ダーショウイッツ自身が、再審勝利の後で、依頼人の経済力がなければ到底勝てる闘争ではなかったと認めているのである。このことから明らかなのは、アメリカの司法が社会の格差緩和に寄与するどころか、むしろそれを助長している現実であろう。

「勝つことが全て」(Winning is everything)

「勝つことが全て」は、映画And Justice For All(「ジャスティス」一九七九)の終盤、アル・

パチノ演じる法廷弁護士カークランドが、アメリカの法秩序の最重要問題を指摘する以下の台詞の結びの部分（傍線部）である。

「正義の意図するところは何でしょうか。正義の意図するところは、有罪の人間が有罪を証明され、無罪の者が自由になる、これです。わかりきったことじゃないか、と思われるでしょうが、実は、それほど簡単ではないのです。弁護側の弁護士は、容疑者の諸権利を守る責任があり、検察は、法を守り判決を支持する義務があります。すべての者に正義を、ということですが、ここに問題があるのです。どんな問題かおわかりでしょうか。双方が勝ちたい、これが問題なのです。検察側も弁護側も両方が勝ちたい。真実がどうであろうと、勝ちたい。正義がどうあろうと、とにかく自分が勝ちたい。容疑者が有罪であろうと無罪であろうと、双方が勝ちたい。勝つことがすべて、というわけなのです」

カークランドは、不遇な生い立ちのせいか、経済力のないマイノリティなど、警察、検察、裁判所などから正当な扱いを受けにくい被疑者を助けようとするタイプの弁護士であるが、その過程で様々な困難に直面し、結果的に無実の若者二人を、自殺と警官の銃弾により失ってしまう経験をしているのである。一方、彼のパートナーである弁護士は、凶悪な殺人犯を検察側のミスを理由に無罪にするのだが、釈放された殺人犯は、その直後に子ども二人を殺害、パートナーはそのショックで精神に異状をきたすのである。

タイトルAnd Justice for All（「ジャスティス／そして全ての人に正義を」）（註）は、アメリカの児童生徒達が長年公立学校で日常的に暗誦してきた（我が家の三人もそうして育った）国家への忠誠の誓いの最後の四文字であるが、「勝つことが全て」の文化がそれを阻んでいる、これがこの作品のメッセージなのである。無論、アメリカの司法（裁判）が正義を引き出すことがないわけではなく、そのような映画もあるので、まず、The Verdict（「評決」一九九一）をご紹介しよう。アル中の落ちぶれた弁護士フランク（Paul Newman）が、苦労の末に貧しい医療ミスの犠牲者を救済する話であるが、以下の会話は、大きな医療組織と法律事務所のチーム相手に勝ち目のない状況に追い込まれている彼が、ガールフレンドのローラと交わす会話からである。

（註）Pledge of Allegiance（忠誠の誓い） - I pledge allegiance to the Flag of the United States of America, and to the Republic for which it stands, one Nation under God, indivisible, with liberty and justice for all.（私はアメリカ合衆国国旗と、それが象徴する万民のための自由と正義を備えた、神の下にあり分割すべからざる共和国に忠誠を誓います（翻訳は筆者）。学校での宣誓は強制ではなく任意なので、しない学校もある。なお、映画の邦題「ジャスティス」は全くその機能を果たしていないので、私の訳を併記した。

Frank: The court doesn't exist to give them justice. The court gives them a chance at justice.　裁判所というところはね、人々に正義を与えるためにあるんじゃないだよ。彼等が正義を手に入れるチャンスがあるところ、こう言うべきなんだ。

Laura: Will they get it?　彼等が正義を手に入れることがあるの。

Frank: They might.　They might.　ひょっとしたらね、ひょっとするかもしれない。

英語に関心のある読者は、a chance at justice の at に注目されたい。of や for などでなく、at が使われている理由である。この at こそ、アメリカの法廷（裁判所）の本来の役割と実態を表現しているキーワードなのである。A chance of justice は、of が同格を表すのでチャンスすなわち正義となり、「法廷が正義を与えてくれるところ」と意味の差は殆どなくなる。chance for justice の for は「求めて」／「方向」を表すので、やはり、正義獲得への道という意味になる。一方、at は「狙って」の意味であり、当たるか当たらないかは全くわからない、射手の腕次第という意味になる。

はっきり言えば、法廷を必要とするのは殆どが素人であるから、当たらない場合の方が多いのは当然で、助っ人が必要になる、これが弁護士ということになるのである。もっとはっきり言えば、助っ人も腕次第であるから、確率を高めたい必要度に応じて高い報酬の弁護士を必要とすることになる。少なくともこれがアメリカの司法の現実である。娘婿のスコットに言わせると、「裁判所に掲げてある Hall of Justice（正義の館）は間違いで、Hall of Law（法の館）

が正しい」となるが、その通りなのである。

Philadelphia（「フィラデルフィア」一九九三）は、ゲイの弁護士アンドリュー・ベッカー（Tom Hanks）が、エイズのために法律事務所を首になり、雇用主を不当解雇で訴える話であるが、法廷で、弁護人ジョー・ミラー（Denzel Washington）から、「弁護士の仕事のどういうところが一番好きか」と訊かれて、次のように答える。

「時折、決して頻繁にではありませんが、時として、正義の遂行に関与することがあります。このときは、本当に喜びを感じますね」

ここでも法律の遂行が正義を行うのは時折でしかない、と専門家が法廷で証言しているわけだが、筆者が印象に残っているのは、アンドリュー・ベッカーが、この台詞を照れくさそうに、「稀」であることを意味する表現を三度も繰り返していること、いかにもこの種の発言が「青くさい」と受け止められることを十分承知して言っていることであった。アメリカでは、弁護士は、正義の旗手というよりも、むしろgreed（貪欲さ）やdishonesty（不正直）の象徴としてイメージされており、日常会話でも、時には真面目に、時には冗談交じりにこんな会話が交わされることは少なくない。

「酷い男だね、あいつは」

「彼は弁護士だよ、どんなやつと思ってたんだい」（He is a lawyer. What did you expect?）

Regarding Henry（「心の旅」一九九一）は、そのような職業に愛想を尽かした弁護士（Harrison Ford）が廃業する男の物語である。

And Justice for allのカークランドも、万事うまくいかない弁護士稼業の最後の法廷における審議の最中、万座の中で切れてしまい、裁判長をはじめとするだれかれなしに、You are out of order!（お前たちは狂ってるぞ！）を連発しますので、厳しい制裁は確実で、司法界でのキャリアの終わりが示唆されているのである。

ここで課題であった、一体なぜアメリカの司法は格差是正に貢献できないかの問いに戻らなければならない。公正が主観であることは述べたが、正義も時代、社会、宗教、その他諸々、最終的には判断する個人によって異なるのであり、特に異人種異文化の坩堝（るつぼ）であるアメリカにおいては、その違いは大きい。妊娠中絶や銃所有などについての分裂は、それらの典型である。おそらく変わらないのは、金による影響力であるが、この点、日本よりもアメリカの方が目立つと言わなければならない。何よりも金額が桁違いに大きい上に、それが偏在しているからであるが、良くも悪くもそれを支えるのが、全米一三〇万を超える弁護士達である（日本は過去二〇年急増した結果が四万余り、私が渡米した一九八三年に調べた時点ではわずか一万二千人であった）。

アメリカが「勝つことが全て」の国であるかどうかについては、異論があるかもしれない。間違いなく言えることは、日米では勝つことの意味とその重要度が異なるということ、これについては大方の同意をえられるはずである。

あとがきに代えて

日本でも、やり直しの動きが始まっていることを伝えるニュースや記事を目にする機会が増えている。下記は新聞記事（二〇二二／六／二七産経電子版）の読者コラムから借用したもので、五十八歳で勤続三十六年の会社を辞め、異業種の職場を選んだＡさんの言葉である（字句を一部変更）。

・妻に相談すると、力強く背中を押してくれた。就職活動は七社に書類を送り、三社目で決まった。
・大学以来の親友に報告すると、「オレたちはずっとがんばってきたんだ。そろそろ自由にやっていこうや」とエールをもらった。自由か、久々に聞いた言葉が心に残った。
・私にとって初めての転職、人間関係に苦心しながらも、心は満たされている。

「心は満たされている」に、筆者は、Good for you! That's what counts.（よかったですね。それが一番大切です）と、思わず無声の声援を送ったのであった。筆者はこれを「伝統的やり直し」であり、本格的なやり直し時代の前触れと解釈した。数年前から顕在化している歴史的な改革と変化は、生半可のものではないからである。近い将来のリカレント教育が、従来とは全く異なったレベルとスケールのものになるのは必定であろう。「雪崩現象」は大袈裟だが、少なくともかつて筆者がアメリカの学生達に「新聞記事になっているのはそれが珍しいことである証拠に過ぎない」などとは言えない時代が到来したのである。変化の規模やスピードについて確かな予測はできないが、そのスピードが徐々に加速するのは間違いなく、Z世代（註）がその中核となるのであろう。次はその世代の特徴を述べておられる同志社大学名誉教授三木光範先生の言葉である。

「…Z世代の学生には多様な希望があり、そうした個人的な目標や制約条件を満たしてくれる企業を探すことが学生の就活となる。一方、企業はその学生の個性・能力を正しく評価し、企業の目標実現への貢献度合いを見極めることが重要となる（中略）Z世代の優秀な学生は自分の目標が叶（かな）えられないと分かればすぐに転職や起業などを実行する自己発展性が高いからである…」（二〇二二年六月二七日、産経電子版）

（註）Z世代は、X・Y世代に続く世代で、二〇〇〇年以降に生まれ、誕生時にはすでにインターネットが普及していた世代である。

筆者が知りたいのはZ世代が目標を定める基準である。世間の評価に副った基準なのか、自分自身の基準なのか。当然ながら、それは彼等個人が決めることであり、残念ながら、筆者にはそれを確認する時間もチャンスもない。出来るのは、筆者なりの期待を込めたメッセージを遠いアメリカから活字に乗せて発信することぐらいであり、その手段としてハリウッド映画二本を借用することにした。

Out of Africa（「愛と哀しみの果て」一九八五）

舞台はアフリカ、不実な夫と別居しているカレン（メリル・ストリープ）はデニス（ロバート・レッドフォード）と相愛の関係になるが、際立つ独立心の持主である彼は、自分の自由を確保するために、彼女と継続して暮らすことを避け、しばしばサファリーに出かける。それをとがめるカレンに、デニスは次のように答えるのである。

「僕は自分が君と一緒にいたいからそうしてるんだけど、ほかの人が考える生き方をするつもりはないんだ。だから僕に対してそんな期待をもつことはやめてもらいたいんだよ。人生の終わりになって、ほかの人間の人生を生きてきたことに気づく、なんてことになるのだけは避けたいのでね」（翻訳は筆者）

注意すべきは、自分の人生を生きることと自分勝手な人生を送ることとの相違である。自分以外の人に迷惑をかけない生き方をする努力をしない人には、自分の人生を生きる資格も権利もない。以上は無論反省と自戒を込めての言葉である。デニスは自分の生き方にこだわる十分な資格のある人物に描かれており、作品は四つ星に仕上がっている。

Conviction（「ディア・ブラザー」二〇一〇）

本稿執筆の最中に、「ディア・ブラザー」という実話を基につくられた映画（Conviction「有罪判決」）を見る機会があった（日本では劇場未公開、DVDスルー）。英語の原題「Conviction＝有罪判決」を別の英語に変えて邦題にした珍しい例であり、Dear Brotherは、ヒロインが獄中の兄に宛てた手紙の書きだしを想定したものであろう。

主人公は二人の子どもの母親でアイリッシュ・パブのウエートレス、高校も出ていないが、無実でありながら殺人罪で終身刑になった兄を救うために弁護士になる決意を固め、次の経緯を辿ってそれを果たす。（一）GED（General Educational Development）と呼ばれる高卒の資格を取得、（二）コミュニティ・カレッジの夜間コースに通い卒業、（三）四年制大学の三年に編入学、そして卒業、（四）さんざん苦労してロースクール（四年制大学卒業が入学の基礎資格である三年課程の法律専門学校）卒業、（五）弁護士の資格試験に合格。これら全てに何年を要したかははっきりしないが、映画では、ロースクールであきらめそうになり、学友に支えられて立ち直るシークエンスがある。

兄を有罪にした捜査と裁判の調査をはじめるが、証拠物件が紛失あるいは破棄されていたり、関係者の協力が得られなかったりで捜査は難航する。しかし、採用されはじめてまだ間がなかったＤＮＡによる個人鑑定の結果が決め手となり、兄は十八年ぶりに自由の身になる。

ここでこの映画を取り上げる理由は二つある。ひとつは無論、コミュニティ・カレッジがなければ彼女の試み自体が生まれなかった例証としてだが、もうひとつの理由は、この作品の主人公のモデルであるベティ・アン・ウォーターズの生き方である。演じたのはヒラリー・スワンク、既に二つのアカデミー主演女優賞を獲得していた彼女の影響もあって、一時は全国メディアに登場する有名人となるウォーターズだが、本人は弁護士の仕事に興味を示さず、同じパブに戻り、マネージャーになるのである。一時は自分を助けてくれた無実の罪で服役している受刑者救出のボランティア活動に参加したりするが、それだけである。本人の言葉を要約すれば、「弁護士の仕事は好きでない。弁護士になったのは兄を助けるため。私は普通のおばあさんでいたい」ということになる。

これが筆者の言う「自分の人生を生きる」ことなのである。

参考文献一覧

※本書は長年にわたって学び経験してきたことの集積であるため、参考文献は手元に現存する書籍に限られる

著者名　書名　出版社　出版年
天城勲編著　相互にみた日米教育の課題　日米教育協力研究報告書　第一法規出版1987
クロス、パトリシャ ＆ 天城勲編　大学の入り口と出口　サイマル出版会　1981
細谷千博・本間長世編　日米関係史　有斐閣　1982
浜口恵俊・公文俊平編　日本的集団主義　有斐閣　1982
ハロラン、リチャード　JAPAN IMAGES AND REALITIES　Tuttle　1969
濱口恵俊　日本文化は異質か　日本放送出版会　1996
ハンチントン、サミュエル 鈴木主税訳　文明の衝突と２１世紀の日本　集英社新書　2000
板坂元　ああアメリカ　講談社現代新書　1973

板坂元　遥かなる隣国アメリカ　講談社　1980
加藤秀俊　アメリカ人　講談社現代新書　1969
レイ、ハリー & 高橋史郎　欧米から見た日本の教育　共同出版　1989
三浦宏一　第11回懸賞論文集　有斐閣　1991
三浦宏一　生涯教育論文　山口県教育財団　1982
三浦宏一　アメリカの物差し日本の物差し　アルク　1999
三浦宏一　アメリカの日本語教室から　アルク　1992
西尾幹二　日本の教育　知恵と矛盾　中央公論社　1985
中根千枝　タテ社会の人間関係　講談社　1967
岡田光世　ニューヨーク日本人教育事情　岩波新書　1993
Okimoto、Daniel & Rohlen、Thomas　Inside the Japanese System　Stanford University Press　1988
Passin、Herbert　Society and Education in Japan　Kodansya International　1982
Perin、Constance　Everything in Its Place　Prinston University Press　1979
Reischauer、Edwin　The Japanese　Tuttle company　1977
ロゲンドルフ、ヨゼフ　ニッポンの大学生　主婦の友社　1979

佐藤和夫　アメリカの社会と大学　日本評論社　1989
猿谷要　アメリカの歴史がわかる　三笠書房　1998
シルバースティン、ジョエル　アメリカ人から見た日本人　ごま書房　1971
千石保　&デビッツ、ロイズ　日本の若者・アメリカの若者　日本放送出版会　1992
Taylor、Jared　Shadows of the Rising Sun　Willium Morrow and Company　1983
Takezawa、Shinichi & Whitehill、Arthur　Work Ways: Japan and America　The Japan Institute of Labour　1983
トケイヤー、M 加藤英明訳　日本病について　蝕まれた国の診断書　徳間書店　1977
トロウ、マーチン　高学歴社会の大学　東京大学出版会　1976
恒吉僚子　人間形成の日米比較　中公新書　1992
Thomas P. Rohlen　For Harmony and Strength　University of California press　1979
梅原猛　日本とは何なのか　日本放送出版会　1990
ヴォーゲル、エズラ　ジャパンアズナンバーワン　TBSブリタニカ　1979
ヴォーゲル、エズラ　&城山三郎　日米お互いになにを学ぶか　講談社　1986
渡辺靖　アメリカン・デモクラシーの逆説　岩波新書　2019

三浦宏一（みうら　こういち）
1963年京都外国語大学卒業、20年間公立高校で教えた後、1983年家族と共に渡米。コーネル大学(Cornell University)大学院(1983-88)にて修士及び博士号(Ph.D.)取得後、オクラホマ大学(The University of Oklahoma)に就職、6年後に終身在職権を取得するも、11年間勤務後、著述に専念すべく退職、現在オクラホマ大学名誉教授。専門は文化人類学（日米比較文化）。
著書に、「アメリカの日本語教室から」アルク、「アメリカの物差し、日本の物差し」アルク。「日本を誤解させない英会話」（共著）、別冊宝島ＥＸシリーズ、宝島社。受賞論文に、「日本社会における自由」、東京海上各務記念財団第11回懸賞論文優秀賞、有斐閣。「ある生涯学習の軌跡」、ジェックまなびすと大賞、ジェック（株）。「日本の教育―実力主義はくずれつつあるか」、論文部門一席、羅府新報。なお、「月刊日本語」（アルク）と「毎日ウイークリー」（毎日新聞社）への長期（九年と八年）連載がある。

アメリカとの比較で見るリカレント教育

2023年8月1日　　第1刷発行

著　者――― 三浦宏一
発　行――― 日本橋出版
〒103-0023　東京都中央区日本橋本町2-3-15
https://nihonbashi-pub.co.jp/
電話／03-6273-2638
発　売――― 星雲社（共同出版社・流通責任出版社）
〒112-0005　東京都文京区水道1-3-30
電話／03-3868-3275

ISBN 978-4-434-32378-2